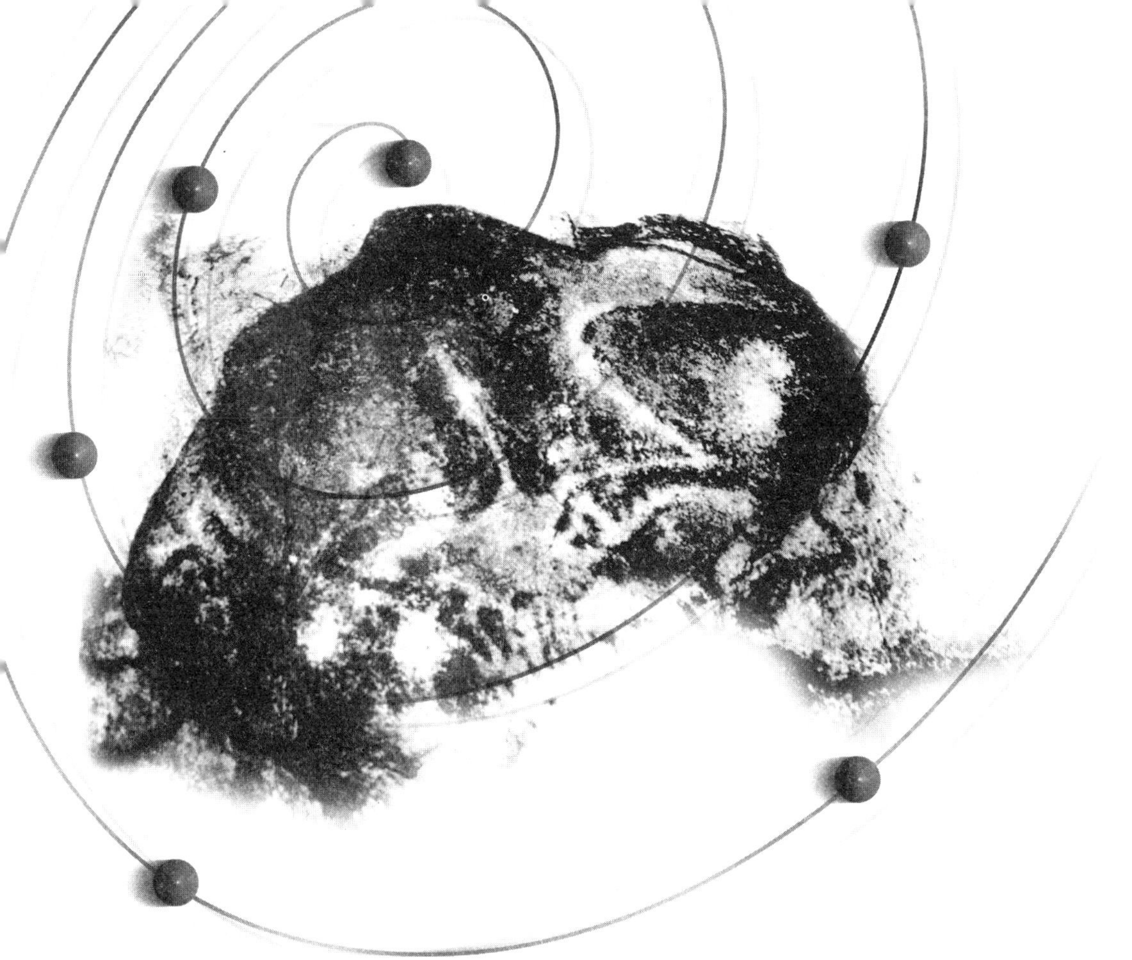

METAMORFOSE EMPRESARIAL
Em Tempos de Oportunidades

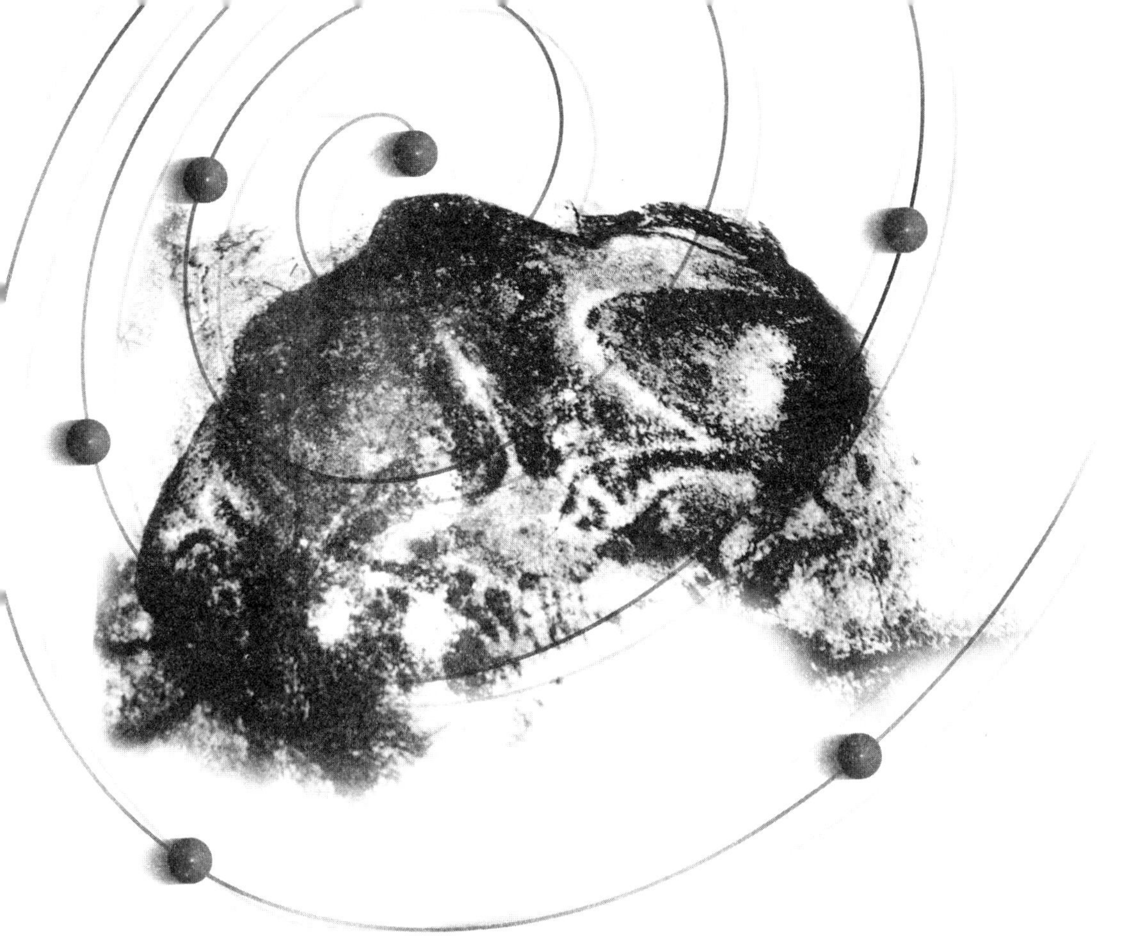

LUIZ DA ROCHA

METAMORFOSE EMPRESARIAL
Em Tempos de Oportunidades

Copyright© 2000 by Luiz Da Rocha

Todos os direitos desta edição reservados à Qualitymark Editora Ltda.
É proibida a duplicação ou reprodução deste volume, ou parte do mesmo,
sob qualquer meio, sem autorização expressa da Editora.

Direção Editorial
SAIDUL RAHMAN MAHOMED
editor@qualitymark.com.br

Produção Editorial
EQUIPE QUALITYMARK

Capa
WILSON COTRIM

Editoração Eletrônica
UNIONTASK

Ilustrações
RAFAEL ROCHA

CIP-Brasil. Catalogação-na-fonte
Sindicato Nacional dos Editores de Livros, RJ

R498m   Rocha, Luiz Da
       Metamorfose empresarial : em tempos de oportunidades / Luiz Da Rocha —
Rio de Janeiro : Qualitymark Ed., 2000.

       ISBN 85-7303-262-6

       1. Mudança organizacional. 2. Desenvolvimento organizacional — Administração.
I. Título.

00-09895.

CDD 9688.669
CDU 5986.595

2000
IMPRESSO NO BRASIL

Qualitymark Editora Ltda.
Rua Teixeira Júnior, 441
São Cristóvão
20921-400 – Rio de Janeiro – RJ
Tel.: (0XX21) 860-8422

Fax: (0XX21) 860-8424
www.qualitymark.com.br
E-Mail: quality@qualitymark.com.br
quality@unisys.com.br
QualityPhone: 0800-263311

AGRADECIMENTOS

Aos muros que encontrei, aos sufocos que passei, às pressões que suportei,

Aos sapos que engoli, às mágoas que senti, à mediocridade com que convivi,

Aos momentos em que me desesperei, às lágrimas que derramei,

À dor que me dilacerou, às punhaladas que levei, às frustrações que passei,

Ao ódio que me consumiu.

A todos vocês meu muito obrigado por fortalecerem minha convicção de que

A vida é um eterno experimentar, tão certo como o dia vem depois da noite e a luz depois das trevas.

Na busca do lótus que haveria de brotar no lodo do pântano de meus sentimentos,

Descobri em cada um desses momentos um renascer que contribuísse para o meu crescimento, evolução e transformação.

Hoje, do alto de minha montanha de erros, fracassos e frustrações,

Inspiro a paz e tranqüilidade ao meu redor,

Expiro a vivência de todo o meu aprendizado,

Convicto de que têm de existir os espinhos,

Para que valorizemos as flores e os frutos.

PREFÁCIO

Foi com grande satisfação que li METAMORFOSE EMPRESARIAL. O momento que atravessamos em nosso país, de uma economia cada vez mais aberta, exige excelência na gestão dos recursos de que dispomos. Há 250 anos atrás, o fator competitivo mais importante era possuir terra, por se tratar de uma economia fundamentalmente agrária. Com o advento da Revolução Industrial, o fator estratégico mais importante passou a ser o capital, pela possibilidade de implantar indústrias de maior valor agregado. Ideologias e teorias econômicas foram criadas e se debateram em torno da posse e do uso do capital.

Nos tempos atuais, vemos uma crescente importância da informação. Não são as empresas de enormes fábricas e grande tradição no mercado as que possuem maior valor de mercado, e sim algumas criadas nos últimos 30 anos, como as de informática, por exemplo. Nunca foi mais verdadeira a frase de Heráclito: "nada é permanente, exceto a mudança". Na nossa época, da Física Quântica, nem as verdades sagradas de espaço e tempo são mais fatos absolutos.

O conhecimento da direção das mudanças, e a capacidade de adaptar-se e aproveitar delas tornou-se mais importante do que os métodos de gestão tradicionais. Como disse o próprio Einstein, "a imaginação é mais importante do que o conhecimento", afirmação que poderia ter sido endossada tanto por autores gerenciais como Hammel e Prahalad em "Competindo para o Futuro" como por magos do entretenimento como Steven Spielberg ou Michael Crichton.

É dentro deste cenário de mudanças vertiginosas e da necessidade de otimização de recursos que se situa METAMORFOSE EMPRESARIAL. Temas como a velocidade das mudanças, a reengenharia de processos ou o movimento da qualidade e da melhoria contínua encontram espaço e análise no livro. Mais ainda, o autor chega até um dos temas centrais da nossa época, o da gerência do conhecimento, essencial se quisermos implantar em nossas organizações as melhores práticas de negócio na velocidade requerida pelo século XXI.

Contudo, mudanças em processos e organizações acarretam modificações em nossas vidas, no poder, na remuneração, e na cultura, trazendo, por conseguinte, conflitos. Mudança, poder, conflito, são temas eternos da vida empresarial, e introduzem consigo a visão das pessoas. O livro aborda também esta visão, fechando o ciclo. Assim, todos os aspectos principais da gestão empresarial estão cobertos: a visão do futuro, como fator primordial da competitividade; a capacidade de analisar dados e fatos e a otimização do presente, como passaporte para alcançar este futuro; a capacidade de empreender e de liderar, como uma forma prática de explorar as oportunidades futuras e de otimizar o presente; e a gestão das pessoas, como uma forma de sincronizar seus conhecimentos, seus sonhos e aspirações com os objetivos da organização.

Finalmente, o autor faz tudo isto dentro de um estilo leve e rápido, fazendo com que a leitura possa ser completada em algumas horas. Isto é, também, muito importante. Nos dias de hoje, em que o tempo é o recurso mais escasso, o único que nunca pode ser reposto, não há disponibilidade para dedicar meses à atualização. Por outro lado, ser agradável, com exemplos e imagens, é essencial para a fixação dos conceitos, numa época de excesso de informações disponíveis. METAMORFOSE EMPRESARIAL poderia também chamar-se PEQUENA ENCICLOPÉDIA DOS METÓDOS DE GESTÃO NO LIMIAR DO SÉCULO XXI. Estou certo do seu sucesso editorial.

Manoel Coelho de Segadas Vianna

Diretor da ONIP (Organização Nacional da Indústria do Petróleo).
Foi por muitos anos CIO da Petrobras e ocupou também posições gerenciais na IBM e Oracle.

SUMÁRIO

INTRODUÇÃO	1
1. MUDAR OU DESAPARECER	5
• A Permanência da Mudança	7
• Contatar × Resistir	11
• Ordem e Progresso	14
• A Selva Empresarial	18
2. A DEFINIÇÃO DE RUMOS	23
• Descobrindo o Novo Mundo	25
• O Supermercado das Oportunidades	32
• Ação × Atividade	36
3. A VALORIZAÇÃO DAS PESSOAS	41
• O *Iceberg* Organizacional	43

- Aprendendo com os Gansos 45
- A Arca de Noé 49
- O Novo Navegador 53

4. NAVEGAR É PRECISO **57**

- Novos Olhares, Novas Realidades 59
- Lubrificando as Organizações 63
- As Perguntas São as Respostas 69
- Aviso aos Navegantes 73

5. A EVOLUÇÃO NO CICLO DAS TRANSFORMAÇÕES .. **79**

- Tudo uma Questão de Tempo 81
- A Estrela Cadente 85
- O Ciclo das Transformações 87
- Desenvolvendo a Longevidade Empresarial 91

EPÍLOGO **95**

DESPEDIDA **99**

FALE CONOSCO! **101**

INTRODUÇÃO

As organizações são diferentes umas das outras e tendem a criar e desenvolver culturas próprias. A identidade da cultura de uma organização forma-se e consolida-se no seu processo histórico de funcionamento, de atuação e de trocas com seu ambiente externo.

Na verdade, a cultura organizacional é a alma da organização. O grande problema é quando esta alma consegue transformar as organizações em verdadeiras prisões psíquicas, confinando ou aprisionando as idéias, pensamentos e ações. Neste caso, a cultura criada pelas pessoas torna-se a própria armadilha que as mantém imobilizadas.

A idéia de prisão psíquica foi explorada pela primeira vez por Platão, no século IV a.C., através da parábola da caverna onde Sócrates discute as relações entre aparência, realidade e conhecimento e pode ser resumida como se segue:

"Existia uma caverna com uma abertura para o exterior e a luz. Em seu interior havia seres humanos acorrentados que só podiam ver o movimento de suas sombras e objetos projetados em uma parede à sua frente por uma fogueira existente no interior da caverna.

Caso algum deles pudesse se libertar das correntes e caminhar para fora seria ofuscado pela luminosidade exterior até conseguir perceber uma realidade mais complexa.

Ao voltar à caverna, veria as sombras como parte de uma realidade maior e caso tentasse compartilhar seu novo conhecimento seria ridicularizado por suas novas idéias.

Insistindo em suas esdrúxulas percepções seria condenado como perturbador da ordem estabelecida."

Nas organizações, em geral, a maioria das pessoas age como prisioneiros da caverna onde os poucos que conseguem se libertar das correntes são os inovadores considerados, freqüentemente, como ameaçadores do *status quo*.

Este trabalho é conseqüência do caminhar para fora da caverna. Forjado no atrito com o caminho incandescente e íngreme rumo à excelência, a persistência e a convicção brotaram dos fracassos e das frustrações necessárias para alcançar a visão estabelecida.

Ao longo do tempo foi possível observar que passávamos por cinco grandes etapas:

- **Mudar ou desaparecer**

A crise de todos os gigantes estabelecidos ao longo dos tempos foi decorrente da sua perda de habilidade para lidar com o novo. Entretanto, não se trata de mudar apenas por mudar, mas de buscar a transformação dentro de um claro entendimento de onde estamos, aí incluído o contexto, e aonde queremos chegar. A palavra-chave desta etapa é antecipação com agilidade de adaptação.

- **A definição de rumos**

É a arte de alinhar a visão do que queremos nos tornar no futuro com a nossa situação no presente. Com base no nosso posicionamento hoje poderemos estabelecer um plano que determine aonde queremos chegar. Procurar um direcionamento é conseqüência da execução de um conjunto de atividades que se iniciam com serenidade e determinação e terminam com o entusiasmo e o prazer da missão cumprida.

- **A valorização das pessoas**

O potencial humano é a mola propulsora de qualquer organização onde a mobilização das pessoas em todos os níveis é a chave da transformação para uma organização de aprendizado que está permanentemente se redescobrindo.

O estímulo para esta etapa se dá pela própria pessoa que, na maioria das vezes, acaba guerreando consigo mesma, quando subestima suas próprias idéias porque jamais foram experimentadas, quando desenvolve um ar de onipotência e acredita que não pode falhar e quando não está disposta a ouvir, a mudar e a experimentar o novo se necessário.

- **Navegar é preciso**

Ao longo do caminho as dificuldades devem ser encaradas como oportunidades e não como obstáculos irremovíveis. Nesse momento, não seremos mais empregados de uma organização mas parte do seu corpo de conquistadores porque a conquista é um processo de ir sempre um passo além da experiência anterior e sua essência está no desejo de vivenciar algo que não se compreende completamente, a exploração do desconhecido até o seu completo domínio.

- **Evoluindo no ciclo das transformações**

Qualquer evolução, seja das estrelas, das formas biológicas ou da própria consciência, alimenta-se da diversidade, evoluindo para uma ordenação a partir da qual tomará uma orientação que conduzirá a uma transformação sempre orientada para a preservação e longevidade organizacional.

A saída da caverna não é simples nem indolor. Não importa quão preparados estejamos para enfrentar os problemas, sempre existirá uma nova tormenta tentando nos emboscar em diferentes partes da nossa caminhada.

Sem frustração não existe necessidade, não existe razão para mobilizar os nossos recursos. Além disso, a experiência adquirida com nossos erros e sucessos do passado é que nos dá tranquilidade para lidar com os obstáculos do presente.

Na antiguidade, quando o *Homo Erectus* saía do abrigo de sua caverna, sua vida era uma constante luta pela sobrevivência. Ele era, na verdade, um guerreiro porque a palavra guerrear em seu sentido mais amplo significa lidar com a vida, superar os desafios com sabedoria, transformando desvantagens momentâneas em oportunidades para o crescimento e a transformação. Hoje, um milhão de anos depois, as cavernas mudaram mas a luta continua em outros pontos da mesma espiral evolutiva.

Este trabalho é o rastro deixado pela tomada de consciência desse processo evolutivo. Apresentado de maneira muitas vezes metafórica, procura equilibrar o racional e o emocional na apresentação das complexidades da selva empresarial. É também um convite à ação, dentro do espírito expresso por Goethe: *"O que você possa fazer ou sonhar que possa comece. A audácia tem em si talento, energia e magia. Comece agora."*

1
MUDAR OU DESAPARECER

A PERMANÊNCIA DA MUDANÇA

"Tudo que é jovem um dia envelhece, toda beleza fenece, todo calor esfria, todo brilho se apaga, e toda verdade se torna insípida e trivial, pois todas essas coisas um dia tomaram forma, e todas as formas estão sujeitas à ação do tempo: envelhecem, adoecem, desintegram-se caso não se transformem."

Jung

O espanto do homem diante da permanência da mudança remonta à mais longínqua antigüidade.

O homem observava o Sol que nascia e morria a cada dia, os ciclos lunares que originaram os meses, o fenômeno das marés.

Associada aos ciclos da natureza e da agricultura estava a sucessão das estações, marcando o ritmo da vida, as etapas de um ciclo de desenvolvimento: na primavera o tempo de germinação e floração; no verão a época de maturidade dos frutos e de sua colheita; no outono os processos de término de vida e a promessa de continuação da vida na semente; no inverno o sono da natureza e os primeiros movimentos da nova vida, dentro dos remanescentes da velha, para ressurgir mais uma vez na primavera.

As etapas desse ciclo de nascimento, formação, maturidade e declínio se ajustam tanto aos seres humanos quanto às suas sociedades e civilizações. Diante desta permanência da mudança, na China, por mais de dez gerações, a dinastia Tchao meditou sobre o I Ching, o Livro das Mutações, cujo texto básico é atribuído ao rei Wên (1150 a.C.).

Há 2.500 anos Lao Tsé declarava no Tao Te King:

Não há o que muda
Não há quem muda
Só existe o mudar.

Os hindus também acreditavam que todos os ciclos do universo aconteciam como uma seqüência: criação – conservação – transcendência, a trindade Brahma, Vishnu e Shiva. O impulso criador, a ser cultivado por cada um ao longo de sua trajetória, é mantido pela força da conservação, gerando um estágio que fatalmente se dissolverá e será transcendido para outro, superior, dentro da espiral evolutiva de todos nós e de todas as empresas.

O fenômeno do fluxo (geração e corrupção das coisas) espantava também a mente grega. Segundo Heráclito: *"Nunca nos banhamos duas vezes no mesmo rio."* Na outra vez nem o rio nem você será o mesmo. Podemos até perguntar se essa sentença chega a ter duas vezes o mesmo sentido. Todo princípio é um começo, todo terminar é um nunca mais. Não existem inícios e não existem fins. O universo é um processo e o processo está dentro de nós.

Cultivamos a ilusão da segurança e estabilidade e não percebemos que não há solo firme no universo. É o espanto que excita a lógica e estabelece novas coordenações, criando um olhar original capaz de semear o novo no solo das incertezas. O importante é ter em mente que a mudança não é precursora de uma morte definitiva, mas de um novo nascimento onde o grande desafio é institucionalizar a instabilidade.

> *"Mudam-se os tempos, mudam-se as vontades*
> *Muda-se o ser, muda-se a confiança;*
> *Todo mundo é composto de mudança,*
> *Tomando sempre novas qualidades.*
>
> *Continuamente vemos novidades*
> *Diferentes em tudo da esperança;*
> *Do mal ficam as mágoas na lembrança,*
> *E do bem, se algum houve, as saudades.*
>
> *O tempo cobre o chão de verde manto,*
> *Que já coberto foi de neve fria*
> *E em mim converte em choro o doce canto.*
>
> *E, afora este mudar-se cada dia,*
> *Outra mudança faz de mor espanto,*
> *Que não se muda já como soía."*
>
> **Camões**

Todos os organismos em evolução sofrem mudanças, sejam eles seres humanos, empresas ou nações. Conforme o verso de Muddy Waters que inspirou a criação do nome do grupo de rock Rolling Stones: *"Pedras que rolam não criam limo."*

Nós somos a mudança, os que mudam ou os mudados? A resposta está em uma síntese dos três e no reconhecimento de que a mudança e a transformação vêm da consciência de que aquilo que vemos ao nosso redor é o mundo que escolhemos coletivamente.

Os problemas de hoje são conseqüência de nossas decisões passadas e se não gostamos do que vemos, então as mudanças necessárias devem vir de nós mesmos. Na vida não há espectadores. Um espectador é simplesmente um participante que adormeceu e esqueceu a sua parte.

O que diferencia os líderes não é apenas sua visão global dos problemas, mas também sua maior capacidade para a execução, fazendo com que os planos passem a fazer parte das atividades diárias da organização, movimentando pessoas e recursos em torno de objetivos comuns.

Neste contexto de permanente mudança, a palavra-chave é antecipação com agilidade de adaptação, onde a segurança e a estagnação são substituídas pelo equilíbrio em contínuo movimento para direções previamente estabelecidas.

Apesar de não podermos prever como será exatamente o futuro, podemos fazer parte de sua co-criação antecipando possíveis mudanças, riscos e as conseqüências das decisões tomadas hoje mas cujos resultados só poderão ser avaliados em um momento futuro.

CONTATAR x RESISTIR

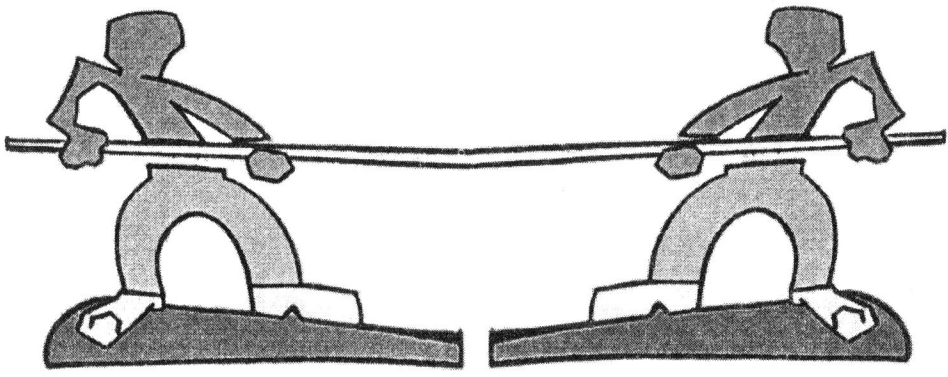

"*Tenro e flexível é o homem quando nasce,
Duro e rígido quando morre.
Tenras e flexíveis são as plantas quando
  começam,
Duras e rígidas quando terminam.
O que parece grande e forte
Já está no caminho da decadência,
Mas o que é pequeno e plasmável, isto
  cresce.
Quem vive na plenitude do seu ser
Vive como criança recém-nascida.
Flexíveis ainda são seus ossos,
Tenros são seus músculos.
Mas ela prende com firmeza o que segura.*"

Lao Tsé

O fracasso dos processos existentes determina um sentimento de mal-estar generalizado, cujo maior significado é anunciar o momento da renovação e da refocalização. A habilidade para tolerar crises, capitalizando sua tensão impulsionadora, é fundamental para o verdadeiro gerente.

Qualquer processo de mudança em uma instituição introduz descontinuidades em seu comportamento histórico, em sua cultura e em sua estrutura de poder, gerando medo e desconforto frente ao desconhecido e, conseqüentemente, resistência. A emergência de uma nova estrutura conceitual é geralmente precedida por um período de grande estresse e acentuada insegurança profissional. Infelizmente, não é típico do ser humano aceitar de bom grado a falência de suas crenças e o desmantelamento de suas percepções enraizadas. Na mesma medida do potencial inovador é inevitável a construção de um muro de resistências por parte, principalmente, dos profissionais e especialistas que devotaram parte da própria vida às rotinas vigentes.

A resistência é o movimento de oposição ao contato com o fluxo da mutação. Resistência é o que interrompe ou diminui o ritmo desse movimento. Toda mudança se dá através do contato. Em decorrência de nossas experiências e aprendizagens formamos hábitos automáticos que trazem segurança e conforto em nossas atividades, liberando nosso intelecto para outras funções. Por outro lado, existem as conseqüências negativas quando os hábitos se cristalizam em comportamentos inflexíveis e radicais.

Viver é como dirigir um carro. Tão estúpido quanto viajar em alta velocidade, correndo riscos desnecessários e sem tempo para apreciar a paisagem ao redor, é viajar com o pé no freio, onde o preço da segurança é um alto gasto de energia. As pessoas que vivem com o pé no freio, ou agarradas ao freio de mão de seus pensamentos, sentimentos e ações, procurando segurança no viver, agem de maneira mecânica, enjauladas em seus hábitos e rotinas, adormecidas no aconchego do útero de onde nunca desejaram sair.

A energia das pessoas é dirigida para entrar em contato ou para resistir. No primeiro caso há a experiência que conduz ao desenvolvimento. No segundo, evita-se a interação transformadora.

É necessário contatar os locais onde se celebra o desconhecido para ali percorrer o ciclo das transformações. Às vezes aprender uma coisa nova pode ser mais difícil do que parece. Se pretendemos crescer e mudar, a dificuldade de aprender coisas novas é inevitável.

ORDEM E PROGRESSO

> *"Não existe nada mais difícil de fazer, nada mais perigoso de conduzir, ou de êxito mais incerto do que tomar a iniciativa de introduzir uma nova ordem, porque a inovação tem como inimigos todos aqueles que têm se saído bem sob as condições antigas, e defensores não muito entusiásticos entre os que poderiam se beneficiar da nova ordem."*
>
> **Maquiavel**

Mudanças criam incertezas, ansiedades, tensões, pressões e impressões, dentro de um processo cuja primeira etapa é a valorização da ordem estabelecida face à possibilidade de mudança, e alto gasto de energia voltado para a **negação do novo**, como se não existisse, porque as pessoas temem sair do conhecido e seguro e procuram fazer apenas o que é familiar, criando em suas vidas uma zona de conforto.

Concretizada a realidade da mudança, a segunda etapa é o estabelecimento de uma rede de **comportamentos defensivos** em relação ao trabalho e ao território de cada um. Da ordem surge o caos, inicia-se o conflito. Parece que todos concentrarão suas energias para buscar argumentos que demonstrem que as novas idéias não funcionarão. Thomas Edson, o pai do cinema e de muitas outras invenções, comentou em 1926 sobre as possibilidades do cinema falado: *"O povo exige um ambiente de calma e quietude no cinema, e o uso da voz na tela destruiria esta ilusão. Os dispositivos para reprodução da voz dos atores podem ser aperfeiçoados, mas a idéia não é prática."*

É mais fácil lidar com os contestadores, que assumem uma posição clara de oposição, do que com os sabotadores, que batalham sorrateiramente contra a implementação de mudanças. Nesta fase de comportamentos defensivos, é comum ouvir-se respostas condicionadas como as indicadas a seguir:

- **Só faço o que me mandam e este trabalho não é meu. Não fui contratado para isto. Espere o chefe chegar e pergunte a ele.**

- **Não sabia que você tinha pressa. Estou muito ocupado e não pensei que fosse importante.**

- **Já tentamos antes e não funcionou.**

- **Se fosse bom já teriam feito. Aliás, já não tenho mais idade para isto. A esta altura da vida?**

- **Este trabalho tem idéias boas e novas. Acontece que as boas não são novas e as novas não são boas.**

A terceira etapa da mudança é a **percepção** de que a verdade pode não estar contida tão-somente no passado. Começa-se a olhar o futuro de forma otimista e a discutir construtivamente as novas propostas.

A quarta etapa é o teste do novo, onde as pessoas aprendem e se **adaptam** às novas idéias. Problemas operacionais surgem, modificações são feitas para superá-los e instala-se o progresso. Segundo Bernard Shaw: *"O progresso é impossível sem a* *mudança, e aqueles que não mudam suas mentes não podem mudar nada."* Os comportamentos defensivos começam a mudar deixando de ser parte do problema para tornar-se parte da solução. Ao invés de se enxergar um problema em cada resposta descobre-se uma resposta para cada problema. Ao invés de se procurar dificuldades nas possibilidades encontra-se oportunidades nas dificuldades.

Finalmente a nova proposta foi implementada e os seus processos **internalizados**, estabelecendo-se uma nova ordem. O processo de mudança possui, portanto, cinco etapas: negação do novo, comportamentos defensivos, percepção, adaptação e internalização.

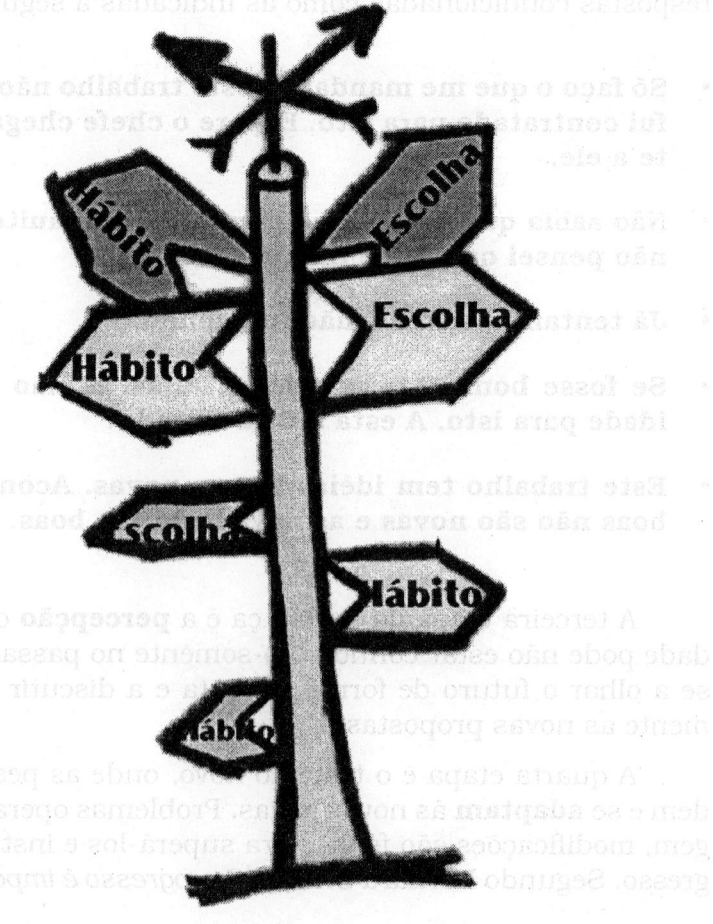

> *"Em determinado momento encontrei duas estradas e eu, eu escolhi aquela menos movimentada. E esta decisão fez toda a diferença."*
>
> **Robert Frost**

O hábito e a escolha são como dois caminhos, o primeiro reto e direto, o outro com cruzamentos. O caminho do hábito é o caminho da ordem onde tudo é conhecido e previsível. O caminho das escolhas é o caminho do desconhecido a partir do qual é possível criar, inovar e aprender até que seja estabelecida uma nova ordem.

Para navegarmos nas ondas da mudança e da evolução de uma organização é simplesmente necessário ter a coragem de encarar inconsistências e evitar fugir delas só porque esta é a maneira como sempre fizemos. A arte do progresso está em preservar a ordem em meio à mudança e a mudança em meio à ordem.

A SELVA EMPRESARIAL

"A resistência não é uma aberração mas um problema fundamental... Ocorre sempre que uma mudança organizacional introduz um afastamento descontínuo do comportamento, da cultura e da estrutura de poder existentes."

Ansoff

É preciso repensar cada momento da atuação empresarial em busca de alternativas que levem a inovações e melhorias contínuas com vistas à preservação da espécie.

A crise de todos os gigantes estabelecidos ao longo dos tempos foi decorrente da sua perda de habilidade para lidar com o novo. A sobrevivência requer o entendimento de que o tempo é um fator crítico. Para aqueles que adiam a mudança ele é um inimigo, enquanto que para os que são proativos ele é uma vantagem.

Assim como os dinossauros, as empresas que continuam fazendo tudo da maneira que sempre fizeram, desconsiderando as transformações do ambiente, caminham rapidamente para a extinção. Voltadas para o presente, buscam estabilidade e sobrevivência, ou seja, apenas o que podem obter. Seu maior medo é fazer algo que não é para ser feito. São empresas reativas que não possuem nenhum padrão consistente de respostas estratégicas.

Outras, assim como os camaleões, procuram reagir ou se adaptar às mudanças. Podem mudar de cor, mas na essência permanecem as mesmas. Buscam obter no presente o que obtiveram no passado. Seu maior medo é fazer algo que provoque novas situações. São empresas defensivas, voltadas para a eficiência de seus processos internos.

Nossos elogios às empresas que se inspiram nas baratas. Assim como esses insetos, elas vêm se transformando e sobrevivendo ao longo dos tempos. Estão voltadas para adivinhar o futuro, tentando conseguir o que querem sem uma noção clara de como fazer isso. Seu medo básico é não fazer. São empresas prospectivas, buscando o crescimento através da exploração e utilização das oportunidades externas.

Na selva organizacional também existem as lagartas. São aqueles profissionais que gostam de ficar agarrados ao tronco da organização, sempre absorvendo conhecimento e andando bem devagarinho. Recusam-se a sair do seu estado meditativo, dentro de seus casulos. Mas é preciso lembrar que as lagartas também fornecem o fio da seda, uma mostra do que são capazes, especialmente quando transformadas em borboletas capazes de voar por toda a organização, disseminando o seu conhecimento. Mas cuidado para não matá-las, como fazem alguns caçadores obsessivos, dentro das organizações, prendendo-as com alfinetes num mostruário e colocando-as como troféu em algum museu.

Empresas com características de borboleta são aquelas capazes de sair de seus casulos e sofrer uma completa metamorfose, encantando a todos com seu vôo gracioso e polinizando toda a selva empresarial. As empresas borboleta estão voltadas para desenvolver o seu futuro, criando condições para conseguir o que querem. Buscam permanentemente o autodesenvolvimento e a auto-realização. Seu maior medo é não mudar. São empresas que procuram o equilíbrio entre o aprimoramento de seus processos internos e a utilização de informações do meio ambiente na formulação de suas estratégias evolutivas e no aproveitamento das oportunidades externas.

O grupo Shell, fundado em 1890, conduziu um estudo para analisar por que tão poucas companhias, das milhares existentes no século XIX, continuaram existindo nos anos 80. Foram estudadas, em detalhe, 27 companhias com mais de 100 anos, e todas elas tinham uma história de adaptação às condições sociais, econômicas e políticas. Todas apresentavam três características em comum:

- Uma administração financeira conservadora onde os recursos próprios eram utilizados para aproveitar as oportunidades.

- Uma sensibilidade às mudanças e aos progressos no mundo. As mudanças eram percebidas mais cedo e as ações eram tomadas rapidamente.

- Um senso de coesão e identidade dos empregados com a organização.

O único mandamento imutável na selva empresarial é ter **competência para gerenciar a mudança**. Cada empresa deve ser considerada como um sistema que tem obrigação de aprender para sobreviver, enfrentando as pressões do meio ambiente, adquirindo novas habilidades e embutindo o aprendizado decorrente dessa experiência em sua estrutura. Neste contexto os gerentes são os arquitetos do desenvolvimento desse mutante.

— **Nunca terminarei o trabalho.**

— **Não consigo terminar o trabalho agora.**

— **Já é tarde demais para terminar o trabalho.**

— **Afinal, por que terminar algum trabalho?**

2
A DEFINIÇÃO DE RUMOS

DESCOBRINDO O NOVO MUNDO

> *"Se podemos sonhar, podemos fazer. O mais excitante sobre o futuro é que a jornada está apenas começando."*
>
> **Walt Disney**

Ao final do século XIV a Europa dispunha de idéias confusas, imaginárias ou enganosas sobre o resto do mundo, desconhecendo outras terras que não aquelas denominadas de Índias, compreendendo a Índia, a China, o Japão, além da parte norte do continente africano.

O cenário do continente europeu parecia dominado pela falta de perspectiva econômica: as reservas de ouro e prata para cunhagem de moedas estavam se esgotando e a peste negra matara 20 milhões dos 60 milhões de europeus; faltava mão-de-obra e a produção agrícola era decrescente.

Naquela época a navegação era costeira e de curtas distâncias; faltavam marinheiros habilidosos, os navios eram grandes ou pesados para viagens exploratórias e os navegantes freqüentemente se orientavam pelo vôo dos pássaros.

A Península Ibérica foi a mais assolada pela peste e o seu posicionamento geográfico, avançando sobre o Atlântico, predispunha portugueses e espanhóis a considerarem o oceano nas suas perspectivas de expansão econômica.

Para Portugal, um país de vocação agrícola e pesqueira, feita em uma costa relativamente pequena, a conquista de uma base no norte da África poderia significar o acesso ao ouro africano e às rotas de marfim e pimenta, ampliando seus negócios para áreas mais lucrativas.

A política ultramarina do reino foi entregue ao Infante D. Henrique que criou a Escola de Sagres, um centro de estudos náuticos onde foram reunidas as maiores autoridades científicas de toda a Europa. A Escola de Sagres permitiu o desenvolvimento de engenhosos processos de orientação, o aperfeiçoamento dos instrumentos de navegação e o domínio da tecnologia para a construção das caravelas.

Portador de vontade obstinada, D. Henrique forçou o alargamento da costumeira navegação de cabotagem através do progressivo domínio do Atlântico e de suas correntes. Em 1420 os portugueses ocuparam as ilhas dos Açores, da Madeira e Canárias. Buscando latitudes cada vez mais baixas na costa ocidental da África, conquistaram, em 1434, o cabo Bojador, o ponto mais ao sul conhecido até então pelos europeus. Em 1488 Bartolomeu Dias dobrou o cabo da Boa Esperança, o extremo sul do continente. O total reconhecimento do litoral africano culminou com a conquista do caminho das Índias por Vasco da Gama, em 1498, no descobrimento do Brasil, por Pedro Alvares Cabral, em 1500, e na primeira viagem de circunavegação, em 1519, por Fernando de Magalhães, um português a serviço da Espanha. O próprio Colombo, descobridor da América, em 1492, teria aperfeiçoado seus conhecimentos em Sagres.

Os portugueses revolucionaram a navegação a partir do século XV. Os cientistas lusitanos se debruçaram sobre os problemas do cotidiano em alto mar e realizaram uma série de melhorias e inovações na arte da navegação: aperfeiçoaram os mapas desproporcionais daquela época; fizeram engenhosas adaptações de instrumentos já conhecidos, como o astrolábio, uma peça utilizada por astrólogos árabes e que foi transformado num instrumento portátil para orientar a navegação com base na orientação do sol; construíram as embarcações mais avançadas da época permitindo a navegação até com ventos desfavoráveis.

No século XVI os portugueses possuíam o domínio dos mares e até cobravam uma taxa dos peregrinos árabes para irem à Meca protegidos pelas naus portuguesas.

Partindo da visão dos colonizadores ibéricos de que o destino da península estava no mar, o projeto expansionista envolveu mais de um século, numa saga de conhecimento, experimentação, heroísmo e glória que levou o Velho Mundo até então conhecido a descobrir o Novo Mundo como o conhecemos hoje.

No século XX o presidente dos Estados Unidos John F. Kennedy afirmou, em 1961, que seu país colocaria o homem na lua e o traria de volta antes do final da década. Apesar de a tecnologia não estar disponível à época, Kennedy comprometeu toda a nação. "*É um pequeno passo para um homem, um grande salto para a humanidade.*" Com estas palavras, em 20 de julho de 1969, o astronauta Neil Armstrong pisou na lua, e a visão de Kennedy tornou-se realidade através da tecnologia gerada pela Agência Espacial Americana (NASA) com o programa Apollo.

A NASA é a Escola de Sagres do século XX e, nos dois casos, o início de todo o processo partiu da visão e liderança de dois homens que sabiam aonde queriam chegar.

Da mesma forma, a navegação empresarial é a arte de alinhar a visão do que queremos nos tornar no futuro com a nossa situação no presente. Para isto, devemos ter referências que forneçam um claro entendimento do que justifica a existência de nossa empresa. Isto implica entender a finalidade do nosso negócio, a nossa razão de existir dentro deste negócio, o que os clientes devem valorizar em nós e as nossas competências essenciais, ou seja, onde a companhia possui diferencial competitivo resultante do aprendizado coletivo da organização, da coordenação de habilidades produtivas e da integração de múltiplas tecnologias.

Podemos então identificar onde estamos. Isto é feito partindo de uma análise das ameaças e oportunidades do ambiente externo e das forças e fraquezas do ambiente interno até se chegar a um diagnóstico dos problemas e das necessidades para que as ações da empresa tenham coerência com as referências estabelecidas.

É possível, então, definir os rumos da companhia, frente aos desafios existentes, mediante a elaboração de um plano onde esteja claro o que fazer levando em consideração um detalhamento das atitudes, das capacitações e dos comportamentos necessários para sua execução.

Todos os envolvidos nos processos de mudança devem compreender claramente o seu papel e de que forma serão afetados, bem como as normas e regras existentes. Se isto não for levado em consideração, existirá sempre uma sombra silenciosa trabalhando pelo fracasso do plano.

Veja abaixo o mapa da navegação empresarial. Um viajante nunca poderá jogá-lo fora porque o nosso destino é o mar apesar do fascínio exercido pelos portos.

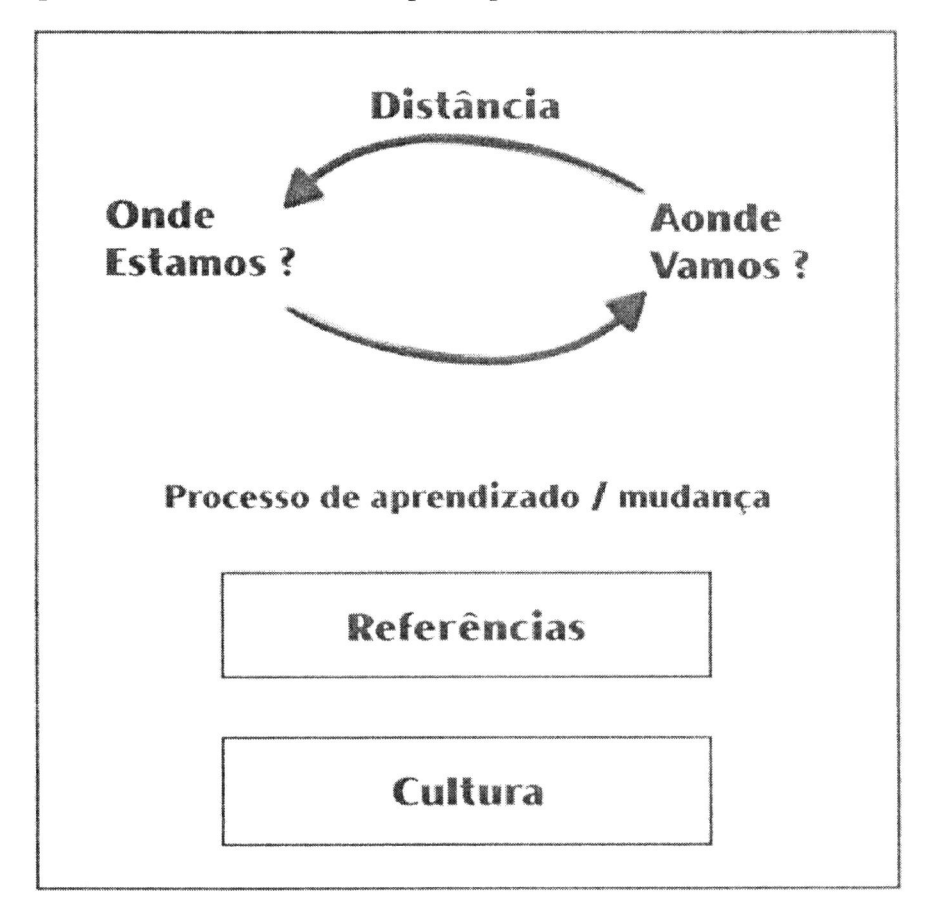

```
                    Distância
        Onde                      Aonde
        Estamos ?                 Vamos ?

          Processo de aprendizado / mudança

                  Referências

                    Cultura
```

Uma vez que tenhamos o mapa é chegada a hora de navegar em direção ao rumo desejado, sempre monitorando o quanto se avançou ou o quanto nos desviamos de nossa trajetória.

Apesar de a melhor maneira de prever o futuro ser organizando-o, a racionalidade do processo deve ser equilibrada com uma boa dose de improvisação que permita a exploração de áreas fora de nossa esfera de conhecimento. Partindo do que eu sei, procuro saber o que não sei e termino descobrindo o que não sabia que não sabia.

> Sei que sei.
> Sei que não sei.
> Não sei que não sei.

Cristóvão Colombo descobriu a América em 1492 pensando ter descoberto um novo caminho para as Índias (por esta razão os povos primitivos do continente americano são denominados índios). Com base nos conhecimentos adquiridos nas escolas de Gênova e de Sagres (sabia que sabia), partiu para descobrir um novo caminho para as Índias (sabia que não sabia) e descobriu a América (não sabia que não sabia). Esta é a essência da improvisação estratégica.

A improvisação estratégica é análoga à interpretação de uma peça de jazz onde o alinhamento artístico se dá em torno de um tema preestabelecido mas com um resultado não totalmente previsível. Da mesma forma, o papel da liderança nas organizações é equilibrar a racionalidade integradora e coordenadora do processo de organização do futuro com a adaptabilidade flexível e oportunista resultante da inovação e criatividade.

O PÊNDULO DA LIDERANÇA

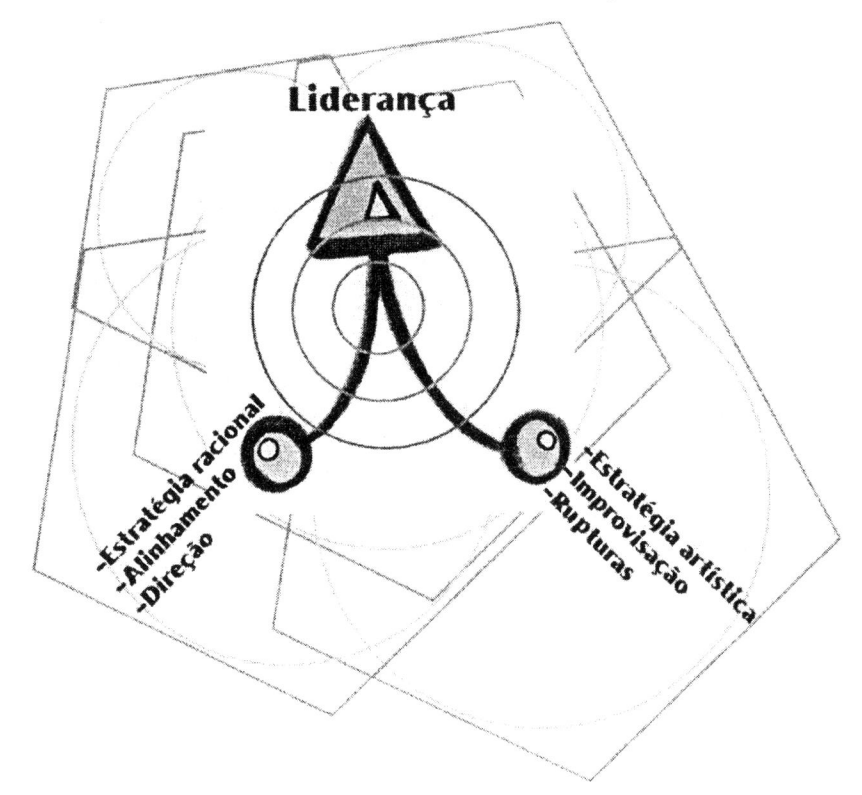

O SUPERMERCADO DAS OPORTUNIDADES

A Definição de Rumos

> *"Nada acontece, nenhum passo adiante é dado até que um objetivo seja estabelecido. Sem objetivos as pessoas perdem-se na vida. Tropeçam, nunca sabem aonde estão indo; portanto, nunca chegam a lugar nenhum."*
>
> **David Schwartz**

As oportunidades estão sempre se revelando ao nosso redor. Se tentamos aproveitar todas elas, dissipamos nossa energia, acabando por desperdiçá-las. Se ficamos passivos, assistindo-as passar, acabamos, da mesma forma, perdendo-as. O correto é saber selecionar e concentrar energia naquelas oportunidades com maiores chances de sucesso.

Explorar caminhos diferentes funciona como uma apólice de seguros. Se um caminho fracassa, outro pode ser tomado. Cada fracasso, entretanto, é uma experiência de aprendizagem, um passo para frente, não para trás. Cada fracasso somente ilumina mais e dá mais perspicácia com relação ao próximo caminho, na direção do nosso objetivo.

O foco nas oportunidades selecionadas é dado através de objetivos estruturados e organizados, que permitam a extração de valor e significado das atitudes e comportamentos recomendados para alcançá-los, compondo um todo coerente desde a visão até as ações de uma organização.

Quando vamos a um supermercado, observamos que os produtos são organizados em categorias: limpeza, laticínios, frutas, legumes, etc. Você já imaginou a confusão que seria entrar em um supermercado e estar tudo misturado?

Tentar fornecer objetivos para uma organização sem estruturá-los e organizá-los é como montar um supermercado e colocar os artigos para venda sem nenhuma referência.

Ordenar objetivos em categorias permite deixar mais transparentes os "quês" de uma organização, funcionando como um mapa para a sua compreensão e permitindo a correta elaboração da receita do sucesso:

Sucesso = Pessoas + Foco

Isto significa que atingir um objetivo é uma conseqüência de ter focos bem determinados, em cujo sentido a energia das pessoas é direcionada para transformar inércia e intenções em ações e resultados.

É importante ter consciência de que existem dois lados no foco das oportunidades empresariais: o que se quer conseguir (o propósito), e como se deseja fazê-lo (o processo). Os "quês" dirigem os "comos", mas, com freqüência, parte-se depressa para os "comos" antes da compreensão do que deverá ser feito.

Sem objetivos claros, as opções tornam-se arbitrárias, gerando, ao mesmo tempo, uma ansiedade incômoda. À medida que as pessoas recebem objetivos confusos, ou não os recebem, ficam desmotivadas. Porque estão desmotivadas, deixam de receber atribuições e entram num círculo vicioso de ausência de objetivos.

Por outro lado, com objetivos claros e bem definidos, onde cada um entende seu papel no todo, as pessoas dão o melhor de si, entrando em um círculo virtuoso de realização profissional. Quanto mais produzem, mais desafios recebem e mais desenvolvem novas percepções para olhar para os problemas e suas soluções. Elas têm necessidade de pertencer a algo do qual possam se orgulhar, de ter um senso de propósito que dê às suas vidas e ao seu trabalho uma noção de significado. A melhor forma de realizar algo é definir sua finalidade essencial. Conforme disse Nietzsche: *"Aquele que tem um por que viver pode lidar com quase todos os comos."*

E, para guiar nossas ações, devemos ter uma seqüência de metas que completem e reforcem umas às outras, num processo sinérgico na direção do objetivo a alcançar.

Quando vemos nos parques aquáticos da Flórida todas aquelas baleias dando grandes saltos, podemos nos perguntar como chegaram a tal ponto. Será que o treinador delas foi para o meio do oceano e ficou esperando uma que desse grandes saltos para aprisioná-la? Claro que não! O treinador começou com uma baleia pequena e, com paciência e perseverança, através de estímulos e recompensas, foi induzindo a baleia a dar saltos cada vez maiores, até o ponto em que o público, ao olhar o espetáculo, tem a impressão de que a baleia sempre deu pulos daquela maneira. Conforme Aristóteles falou: *"Somos o que repetidamente fazemos. A excelência, portanto, não é um feito, mas um hábito."*

Da mesma forma, as metas devem ser estabelecidas como que formando degraus que levem segura e continuamente em direção ao objetivo a partir do qual foram geradas. Cada meta deve ser estimulante e desafiadora e proporcionar, ao mesmo tempo, o prazer de mais uma etapa vencida quando da sua realização.

É incrivelmente fácil ser pego pela ilusão da atividade, vivendo muito ocupado, correndo de um lado para outro, trabalhando exaustivamente para subir ao longo do caminho do sucesso, para ao final descobrir que o caminho escolhido terminava em um precipício.

AÇÃO x ATIVIDADE

> *"Tomar distância, sem dúvida, é o que falta para tantos de nós que vivemos mergulhados no ativismo desenfreado, como se segurássemos a alavanca do mundo!"*
>
> **Frei Betto**

A missão, a visão, as competências essenciais e os valores são a argamassa que moldará o futuro de uma empresa. Mas, para isto, seus dirigentes necessitam transformar palavras em ação.

O sentido das palavras "ação" e "atividade" são diametralmente opostos. A ação é a conseqüência de todo um planejamento desdobrado desde a visão até as etapas necessárias à sua concretização, em busca de um determinado resultado. Já a atividade existe não como uma resposta, mas como um simples impulso. É como a história da aranha **REME-REME** que cuidadosamente, dia após dia, tece sua teia. Não sabe bem por que, talvez um instinto de sobrevivência e de mostrar que está muito atarefada, sem se importar com o que acontece ao redor.

Certa vez, **REME-REME** elaborou sua trama no meio da floresta, e ficou quietinha no centro esperando o alimento chegar. Achou que havia construído uma fortaleza, até que um vento mais forte destruiu todo seu laborioso trabalho como um sopro em um castelo de cartas ou como as águas do mar, que mais cedo ou mais tarde levarão os castelos de areia construídos à sua beira.

E lá foi **REME-REME** procurar um lugar mais seguro, até que realizou seu sonho. Encontrou um sótão daqueles bem empoeirados onde, uma vez ou outra, os ventos da transformação podem levantar alguma poeira capaz de ocasionar alguns espirros ou onde as águas do passado tornaram o ambiente úmido o suficiente para o desenvolvimento de fungos que causam alergia, tosse ou irritação, sem complicações maiores para o organismo no presente.

Sem fazer muita agitação, no centro de sua teia e naquela paz de cemitério, nenhum alimento caía na rede de **REME-REME**, apesar de ela considerar seu trabalho o mais perfeito e o mais necessário do mundo. E lá foi **REME-REME** tecer outra teia, da maneira que sempre teceu, em algum outro lugar, vivendo a fragilidade de uma realidade de aparências fictícias e efêmeras. **REME-REME**, uma pescadora de suas próprias ilusões.

> *"Mas a habitação da Aranha
> é a mais frágil das habitações."*
>
> **(Corão, 29, 40)**

Esta história mostra que, freqüentemente, vamos nos envolvendo na rotina diária e chegamos a não saber por que fazemos determinadas tarefas. A atividade que produz muito movimento e pouco resultado não passa de um agitado **REME-REME**, costurado laboriosamente através de percepções atrofiadas pelo imobilismo em que ficamos ao centro de nossas teias mentais, construídas ao redor do nosso gigantesco muro das lamentações.

O filósofo norte-americano A. Whitehead costumava afirmar que apenas a mente não rotineira podia captar o óbvio. O antropólogo Ralph Linton igualmente observou que a última coisa que os mergulhadores de profundidade notam é a água do oceano na qual estão imersos. Freqüentemente, não sabemos se somos a aranha ou a sua rede (incluindo as eletrônicas), se somos o construtor, o predador, ou a sua vítima.

Ficamos mergulhados e envolvidos com as situações cotidianas e não percebemos o que se passa em nosso redor. Quem está fora do contexto específico pode observar, interpretar e compreender melhor.

Em algumas organizações, planejar pode ser considerado perda de tempo. Bom mesmo é correr sem rumo, de um lado para outro, numa conduta improdutiva de agitação com aparente padrão de empenho e interesse.

Em outras organizações, as ações são imobilizadas por planos maravilhosos, onde todas as possibilidades são analisadas em uma eterna busca da perfeição suprema. Como diria John Lennon: *"A vida é o que nos acontece enquanto estamos ocupados fazendo outros planos."* Isso é visão sem ação.

Visão com ação é a diferença capaz de transformar nosso castelo de areia em uma fortaleza de base sólida, que suporte o assalto das forças da natureza, dos predadores e dos infortúnios que nunca deixarão de existir, buscando uma revisão dos nossos horizontes e estabelecendo um claro sentido do caminho a percorrer.

3
A VALORIZAÇÃO DAS PESSOAS

A
VALORIZAÇÃO
DAS
PESSOAS

O ICEBERG ORGANIZACIONAL

> *Nas empresas, muitos agem como marinheiros pintando as partes superiores do navio que está prestes a naufragar.*

Os *icebergs* são imensos blocos de gelo com 30% do seu volume fora da água e 70% imersos. Da mesma forma, nas organizações, o que se vê e se discute muito são os 30% aparentes do *iceberg* organizacional (produtos, serviços, insumos, processos e recursos), sem que se considerem, muitas vezes, os 70% abaixo da linha d'água, a cultura organizacional, que é o conjunto de crenças, expectativas e valores que guiam o comportamento, as relações e a comunicação entre os empregados de uma empresa.

As organizações são diferentes umas das outras e tendem a criar e desenvolver culturas próprias. A identidade da cultura de uma organização se forma e se consolida no seu processo histórico de funcionamento interno, de atuação e de trocas com seu ambiente externo.

As criações visíveis da cultura são as interpretações compartilhadas de eventos organizacionais críticos do passado (mitos), os recursos de comunicação utilizados internamente (linguagem e dialetos), os valores e normas de comportamento que definem a comunicação e as relações de poder da organização. A cultura de uma organização, portanto, é um fenômeno verdadeiramente humano.

É fundamental entender o que está abaixo da superfície para que possamos controlar e conduzir o que é visível. Nem sempre uma boa idéia é suficiente para gerar bons planos dentro de uma empresa. É preciso compreender o que está por baixo do *iceberg* para que se entenda como é o processo decisório e a sua velocidade. Excesso de discussão e de burocracia, dentro de uma eterna busca da perfeição, acaba por causar uma imobilização das atividades. Como dizia Freud: *"Nós poderíamos ser melhores se não quiséssemos ser tão bons."*

Se a cultura organizacional não for entendida e trabalhada, torna-se craca, acumulada ao longo dos tempos e presa aos cascos dos navios. Além de limitar o potencial e a velocidade de navegação das empresas, pode crescer de forma a se tornar um imenso *iceberg* capaz de afundar o barco organizacional da mesma forma como o navio Titanic naufragou em 1912 ao colidir com um *iceberg*. Na época, o Titanic era considerado seguro e impossível de afundar.

Esta metáfora nos encoraja a procurar fundo abaixo da superfície para descobrir os processos inconscientes e os respectivos modelos de controle que aprisionam as pessoas em esquemas insatisfatórios de existência.

APRENDENDO COM OS GANSOS

> *"Um indivíduo isolado é uma abstração inexistente. Na realidade, cada indivíduo faz parte de uma intrincada rede de relações psicológicas e espirituais vitais, envolvendo trocas e interações mútuas com muitos outros indivíduos. Cada indivíduo está incluído em e é parte constituinte de grupos humanos e de grupos de grupos, da mesma forma que a célula é uma diminuta parte ou um órgão de um organismo vivo."*
>
> **Roberto Assagioli**

Várias empresas dentro da empresa é um dos fenômenos mais comuns em quase todas as organizações: cada área atuando independentemente como se os outros não existissem, muitas vezes duplicando esforços ou até atrapalhando o trabalho alheio.

Este tipo de problema é sinal da inabilidade para unir pessoas em torno de desafios e ideais comuns e da ausência de um constante auto-exame que desenvolva formas de lidar eficazmente com os problemas.

Um grupo é um conjunto de pessoas trabalhando cada um por si, ao mesmo tempo e no mesmo lugar. Cada um faz a sua parte em vez de fazer parte.

Uma equipe é um conjunto de pessoas trabalhando de forma interdependente e cooperativa, compreendendo seus objetivos e engajadas em alcançá-los de forma compartilhada. É como os gansos selvagens durante o seu vôo migratório, fugindo do inverno rigoroso e viajando milhares de quilômetros em direção às regiões mais quentes.

As aves têm um objetivo bem determinado e, ao longo do trajeto, precisam resolver problemas e satisfazer necessidades imediatas tais como procurar alimento e abrigo à noite para descansar; esse conjunto de ações só faz sentido com base no objetivo a ser alcançado.

A sua formação em V durante o vôo permite que a velocidade do conjunto aumente em cerca de 70% em relação ao vôo solitário. O líder é o que faz maior esforço, pela resistência do ar que enfrenta. Já os últimos lugares da formação, onde é realizado o menor esforço, são reservados para os mais fracos ou doentes, dentro de um clima de cooperação e ajuda mútua.

A liderança é naturalmente compartilhada. Quando o líder cansa, outro assume o seu lugar. Na verdade, cada líder é o elo de uma corrente voltada para garantir que a longevidade de uma organização seja maior do que cada um de seus associados. Os gansos nas últimas filas (mais fracos ou doentes) grasnam para incentivar e energizar os que estão na liderança ou à frente. Os grasnos precisam ter esse caráter animador. Nas equipes onde há encorajamento a produtividade é muito maior.

Trabalhar uns com os outros, dentro de um espírito de responsabilidade e comprometimento, é muito melhor do que trabalhar uns contra os outros, dentro de um clima de intrigas e individualismo. A situação em que o todo é maior do que a soma das partes é denominada sinergia, onde cada parte contribui para o todo que, por sua vez, nutre as partes. O que se ganha é o sentimento de pertencer a um contexto, de compartilhar um objetivo comum. Pessoas que compartilham uma direção comum aumentam a sua autonomia de vôo e chegam ao seu destino mais fácil e rapidamente pela força, poder e segurança que sentem dentro da equipe.

Desenvolver uma equipe é ajudar um grupo a aprender a prática constante do auto-exame e da avaliação das condições que dificultem seu funcionamento pleno, levando a uma interdependência, diálogo constante e permanente colaboração.

Entretanto, um indivíduo ou grupo está conectado a um crescente número de outras pessoas ou grupos onde o trabalho surge como uma rede de cooperações, mobilizando o conhecimento e o aprendizado de maneira integrada. Nesta rede, a realização individual acontece sem conflitos com os objetivos da empresa.

Ao invés do isolamento, dentro de uma competição predatória, por que não buscar a cooperação interna e externa, parcerias e associações com empresas ou entidades que compartilhem os mesmos ideais? Em vez de enfatizarmos distinções e isolamento, devemos treinar nosso enfoque em busca de conexões que levem:

- à interdependência. Nem impotência nem onipotência;

- ao diálogo. Nem luta nem evasão;

- à colaboração. Nem cúmplices nem adversários.

A ARCA DE NOÉ

"Nem tudo o que se enfrenta pode ser modificado; mas nada pode ser modificado até que seja enfrentado."

James Baldwin

A fórmula mágica para a compreensão de cada indivíduo tem sido um desafio ao longo dos tempos.

Cada um de nós é uma mistura complexa de pensamentos, sentimentos, ações, preconceitos, relacionamentos e experiências que influenciaram nossa vida. Cada grupo é uma interação das complexidades individuais em que o resgate do imenso potencial contido neste maravilhoso conjunto se torna uma arte.

Montar uma equipe é semelhante à tarefa de Noé ao selecionar os bichos que iriam compor a sua arca, um espaço limitado onde cada um tinha sua função específica para fazer a arca suportar todos os dilúvios e não ser atacada pelo vírus paralisante que ataca todas as arcas: o vírus do **noé comigo, não!**

Cada grupo deve ter o equilíbrio entre exploração, planejamento, relacionamento e ação. As pessoas que preferem explorar nunca estão totalmente satisfeitas. São visionárias, inovadoras, sonhadoras, futuristas, criativas e insistem na variedade, querem experimentar mudanças; aquelas com preferência pelo relacionamento se ocupam com o sentimento e as emoções, buscam a associação, a agregação, e para elas o mais importante é entender os outros; aquelas que preferem planejar ocupam-se do pensamento, da articulação e do controle. São orientadas para entender o contexto, para fatos, dados, organização e focadas nos detalhes. Têm padrões exigentes, facilidade em organizar procedimentos e controles. Para elas, o aspecto mais importante da vida é encontrar o que chamam de visão objetiva. As pessoas com preferência pela ação são práticas, produtivas, fazem as coisas acontecer. São chamadas de "tocadoras", e o que mais querem é estar visíveis, sentir-se em movimento e executar tarefas concretas. Para elas o mais importante é a realização.

Pesquisa realizada em 500 grandes empresas dos Estados Unidos revelou que em todo processo de mudança existem cinco personalidades realizando diferentes papéis, conforme o quadro a seguir:

Personalidade	% da população	Descrição
Desbravadores	2,5	Sua orientação é para a criatividade. São os guardiões do futuro, sendo capazes de perceber tendências do macroambiente e detectar oportunidades.
Ouvidores	13,5	Sua orientação é para o relacionamento. São capazes de ouvir os desbravadores além de possuírem credibilidade para disseminar idéias e conceitos por toda a organização.
Organizadores	34	Sua orientação é para os resultados. São encontrados, normalmente, em postos executivos.
Tocadores	34	Sua orientação é para os procedimentos e a ação. Demoram a adotar as idéias e conceitos, precisando compreender com clareza seus benefícios.
Inflexíveis	16	Defensores implacáveis do *status quo* concentram suas energias para demonstrar que as novas idéias não funcionarão.

Segundo a mesma pesquisa, um processo de mudança consegue ser implementado a partir do momento em que é absorvido por 10 a 24% dos envolvidos. Este é o "ponto de decolagem".

Existe uma tendência de valorizar e escolher para um grupo pessoas que pensam e agem da mesma forma, repetindo-se entre si quando, na verdade, o movimento é dado a partir de diferentes formas de pensar, relacionar, organizar e agir.

Uma arca bem equilibrada é criada sobre diferentes formas de perceber, pensar, relacionar e agir, devendo-se ter os que enxergam do alto e longe, os que buscam o relacionamento, os que com os pés no chão estão sempre em busca de suas tarefas e os que buscam inovação e mudanças em qualquer meio onde estejam. Muitas vezes tende-se a isolar este tipo de pessoa quando, na verdade, ela é a guardiã do futuro da empresa.

Todo processo de mudança necessita destas quatro personalidades trabalhando de forma cooperativa e interdependente. Conhecer a si mesmo e aos outros, aceitando as diferenças interpessoais e o conflito de idéias, é a chave para conviver com a diversidade e a multidisciplinaridade, e dela retirar a criatividade que poderá garantir o futuro das organizações.

Lições da Arca

- Não esqueça de que todos estamos no mesmo barco.

- Planejamento e antecipação são essenciais. Afinal, não estava chovendo quando Noé começou a construir a Arca.

- A Arca foi construída por amadores, o Titanic por profissionais.

- A diversidade é fundamental. Porém, um pica-pau na Arca pode ser muito mais perigoso que a própria tormenta.

- A mesma oportunidade pode não aparecer duas vezes. Portanto, em época de dilúvio, não perca o barco.

O NOVO NAVEGADOR

> *"Toda empresa precisa ter gente que erra, não tem medo de errar e aprende com o erro."*
>
> **Bill Gates**

No alvorecer do século XVII iniciou-se a Revolução Científica impulsionada pelo método de investigação desenvolvido pelo filósofo francês René Descartes, que ficou conhecido como cartesianismo, e que pode ser resumido no princípio de decompor para analisar.

O paradigma cartesiano aumentou em muito as potencialidades da vida humana e abriu caminho para um completo florescimento de suas capacidades criativas. No entanto, com a crescente complexidade do conhecimento em todas as áreas, a excessiva especialização começou a dificultar, e até mesmo impedir, a visão global dos problemas. O racionalismo científico, caracterizado por seu aspecto mecanicista e reducionista, gerou a crise de dissociação e desvinculação que ora presenciamos. O saber atual se fragmentou, e a inteireza do viver se compartimentalizou, criando o especialista que sabe tudo sobre o nada, ou o generalista ansioso que sabe nada sobre o tudo.

Neste caos, emerge o novo navegador capaz de levar em conta a dinâmica do todo e das partes, de buscar causas, relações e princípios, de reconstituir a unicidade entre ciência, filosofia, artes e tradições, de entender não só o texto mas também e, sobretudo, o contexto.

A nova postura não é um simples modernismo, mas uma resposta inteligente e evolutiva ao antigo paradigma iniciado há 300 anos. Nesta nova visão, a qualidade total começa com a qualidade da condição humana, a qualidade do pensamento, do coração e do corpo, onde cada navegante da empresa é desafiado a buscar incessantemente suas potencialidades, suas riquezas, sua inteireza, sua plenitude e a ampliar o seu conhecimento, sentindo felicidade pela consciência do seu próprio desenvolvimento e buscando não só se adaptar bem como prosperar diante das mudanças. Para isto, o novo navegador deve desenvolver sete características:

- **Positividade** – ver oportunidades nas ameaças.

- **Foco** – buscar permanentemente os objetivos, a partir de uma visão global da empresa.

- **Flexibilidade** – ter múltiplas habilidades e polivalência.

- **Criatividade com organização** – ter capacidade de gerar alternativas estruturadas e priorizadas diante do caos.

- **Aprendizado permanente** – buscar conhecimento que possa contribuir para o negócio da empresa e para o crescimento pessoal.

- **Proação** – ter habilidade de agir antecipando eventos.

- **Relacionamentos** – ter facilidade para melhor trabalhar em equipe, no atendimento a clientes e no desenvolvimento de redes cooperativas.

4
NAVEGAR
É
PRECISO

NOVOS OLHARES, NOVAS REALIDADES

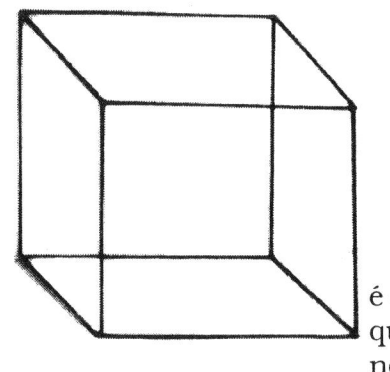

"O objetivo da evolução é o de olhos ainda mais perfeitos em um mundo em que há sempre mais para ver."

Teilhard de Chardin

Quando o coelho come alface, não é o coelho que vira alface, mas a alface que vira coelho. Da mesma forma, na nossa trajetória evolutiva, a experiência não é o que nos acontece, mas sim o que fazemos com o que nos acontece.

Com freqüência permanecemos presos dentro dos labirintos de nossas próprias percepções. Pensamos muito e fazemos cálculos complexos de como nos libertar de nossos cárceres, quando na verdade tudo o que precisamos é de um pouco mais de realidade, bom senso e ação: nossas portas, a maioria das vezes, permanecem abertas, bastando-nos girar a maçaneta, abri-las e atravessá-las, descobrindo os véus que limitam nossas percepções.

A busca da excelência e da inovação não são portos a chegar, mas maneiras de viajar quando olhamos de forma original para o que sempre olhamos de maneira habitual.

A figura anterior pode ser vista sob duas perspectivas que se alternam automaticamente. Para conseguir isso, tome como referência uma face, uma aresta ou um canto do cubo. Esse é o mesmo processo pelo qual reestruturamos nossas percepções para enxergarmos além do habitual.

O Instituto de Ansiedade e do *Stress* (IFAS), na França, pesquisou a síndrome das segundas-feiras, e observou ser esse dia responsável por algumas estatísticas nefastas: o maior número de acidentes de trabalho ocorre às segundas, bem como o maior índice de tentativas de suicídio. Qual a diferença entre a segunda-feira e os outros dias? A diferença é uma idéia, um conceito de que segunda-feira é dia de esforço. Nossa interpretação de uma idéia pode ser a diferença entre morrer e viver, estagnar ou desenvolver, involuir ou evoluir, atrofiar ou crescer.

Fazer concessões construtivas a novas informações significa procurar a existência de potencialidades que mereçam ser levadas em consideração. A maioria das vezes, as oportunidades para tornarmos nossas vidas, nosso trabalho ou nossas empresas exatamente como gostaríamos que fossem estão ao nosso lado. É tudo uma questão de mudarmos nossos padrões de percepção. O problema é o modo como encaramos os problemas.

Quando observamos uma situação, vemos o que esperamos ver, o que nossa experiência indica que é mais provável. Porém, podemos obter novas percepções dependendo do modo como olhamos, como acontece com o avião abaixo.

"Percepção é a habilidade de ver o que já está lá, mas muitas vezes deve-se olhar novamente."

Samson Raphaelson

O avião está vindo para perto ou indo para longe de você?

Mude a direção do avião, imaginando que está olhando por cima ou por baixo dele.

Às vezes não se vê o que está lá. É difícil identificar formas familiares quando estão em ambientes estranhos, como a forma abaixo que está incluída na figura. Onde?

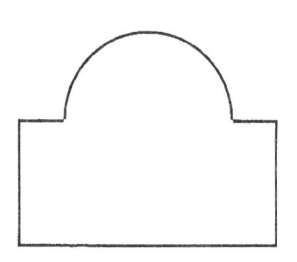

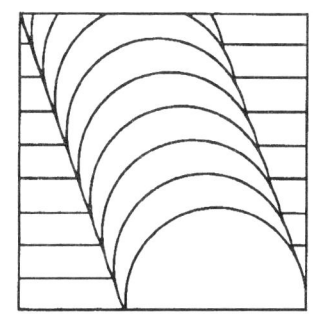

Outras vezes, vê-se o que não está lá. Ao encontrarmos um padrão familiar, é difícil decompor o todo e separar as suas partes. Não podemos nos concentrar em uma só parte porque nossas mentes criam ilusões a partir da idéia do conjunto. Na figura abaixo as linhas verticais são retas? E as hachuras são paralelas entre si?

A bela arquitetura grega, que parece tão perfeita e simétrica, só se apresenta assim devido a alguns truques utilizados pelos antigos gregos, que conheciam tudo sobre ilusões óticas, utilizando-as para criar a percepção de perfeição e simetria.

Para que as linhas horizontais do teto e da base dos prédios parecessem retas, eram criadas curvaturas. As linhas verticais das colunas eram criadas fazendo-as um pouco mais grossas ao centro e aproximando-as no topo para evitar a noção de que estavam se separando.

Concluindo, não basta ter olhos, é preciso saber ver! São sete ou oito cubos na figura a seguir?

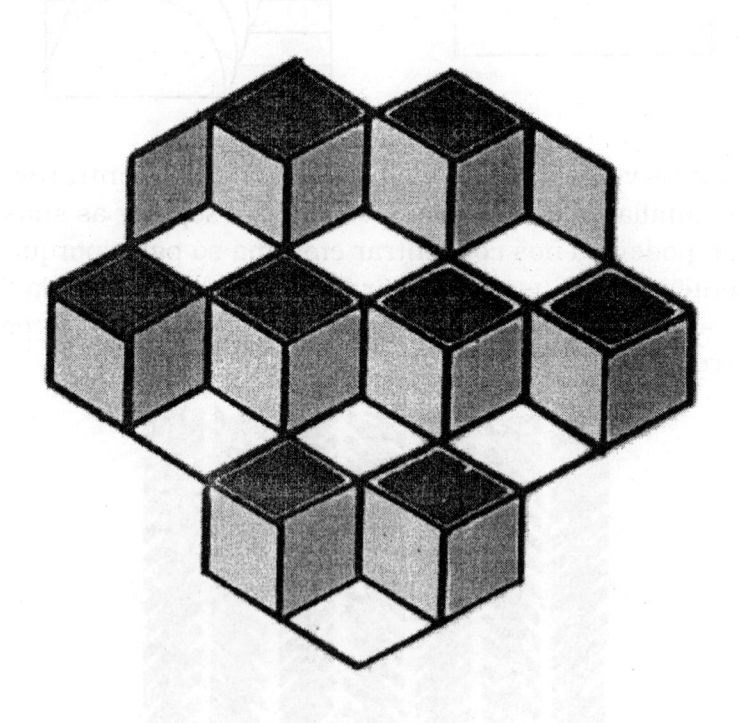

LUBRIFICANDO AS ORGANIZAÇÕES

"*A absorção indiscriminada de informação, adquirida para alimentar algum impreciso ou maldefinido desejo de aperfeiçoamento ou evolução, provavelmente acabará por derrotá-lo, tanto pela enormidade da tarefa quanto pela quantidade de informação disponível.*"

Richard Saul Wurman

Nos últimos 25 anos o mundo vem se transformando de uma economia industrial para uma economia de informação, onde o sucesso das organizações será determinado pela sua capacidade de diferenciar-se dos concorrentes nestes tempos de competição crescente, a partir de informações do ambiente externo e interno.

O processo da informação se fundamenta em cinco etapas:

- Coleta e organização.

- Análise.

- Conhecimento.

- Inteligência.

- Comunicação e redes.

A etapa de coleta e organização envolve o acesso às fontes de informação bem como a estruturação e consolidação dos dados, fatos e notícias obtidos. A estruturação passa pela compreensão dos múltiplos significados que determinada informação pode assumir, porque nenhuma unidade é suficientemente básica para evitar discordâncias sobre o seu significado. Por exemplo, na American Airlines existem vários significados para a palavra aeroporto e até os funcionários do Departamento de Agricultura Americano não conseguem chegar a um acordo sobre o que seja uma fazenda.

A fase de análise envolve o aperfeiçoamento da metodologia de coleta e a comparação entre dados passados e atuais, identificando a sua consistência. O questionamento sobre a credibilidade das fontes utilizadas, de como se obteve determinado número ou se soube de determinado fato é importante nesta fase do processo. A área social, em especial, tem sido uma grande vítima da ignorância numérica ou de oportunistas que usam as estatísticas de acordo com seus interesses do momento. Muito se falou, por exemplo, que existia meio milhão de menores de rua na cidade de São Paulo, até que a Secretaria do Menor resolveu fazer um levantamento acompanhado por 23 instituições. Foram contabilizadas 4.520 crianças. Segundo o economista Reis Veloso, ex-ministro do planejamento, "muitas decisões importantes acabam sendo tomadas a partir de avaliações numéricas incorretas".

O diferencial das empresas líderes de mercado é a boa estruturação de seus sistemas de coleta de dados e um alto grau de análise das informações, ao passo que outras companhias gastam tanto tempo na primeira fase que não sobra tempo para a análise.

Você pode produzir incríveis quantidades de fatos e números, analisá-los e não produzir conhecimento porque este é criado nas mentes, partindo de experiências individuais, separando o significante do irrelevante, realizando juízo de valor. De acordo com o Talmud: *"Uma pessoa tem conhecimento quando pode enxergar implicações e chegar a conclusões."* As pessoas jamais recebem conhecimento. Este é criado a partir de leituras ou conversas com pessoas que já relacionaram ou forneceram contexto para os dados.

Já reparou como é fácil explicar o presente a partir de dados passados e como é difícil acertar o futuro a partir dos dados presentes? Se alguma tendência é de alta, a maioria acha que vai subir mais; se alguma tendência é de queda, a maioria acha que vai descer mais. Na verdade, o que estão fazendo é olhar a informação de forma retrospectiva, como se estivessem dirigindo um carro olhando pelo retrovisor: tudo o que se vê é o que já aconteceu. Poucos são aqueles que param, analisam, interpretam e a partir, muitas vezes, das informações de que todos dispõem, analisam o que é dito e o que não é dito, agregam sua experiência e conseguem novas percepções onde a maioria nada via. A informação, como a beleza, está nos olhos do observador.

Enquanto a informação pode ser encontrada em uma variedade de componentes, desde um livro até o meio eletrônico, o conhecimento é encontrado nas mentes humanas.

Mas conhecimento de nada vale se não soubermos expressá-lo ao mundo. Saber não significa necessariamente fazer. Conhecimento precisa ser transformado em ação, e a inteligência empresarial é a forma de focalizar o conhecimento, muitas vezes disperso na organização.

O grau de inteligência de uma empresa depende da qualidade da sua comunicação tanto no ambiente interno como no ambiente externo. Comunicar é encontrar a essência, encontrar o que é como um (comum) entre pessoas ou grupo de pessoas, de forma que as atividades da organização se desenvolvam dentro dos objetivos estabelecidos e procurando manter um relacionamento duradouro com o mercado.

Finalmente, para que todo o processo da informação possa funcionar, existe a necessidade de integrar todas as suas etapas em uma rede de relacionamentos, onde cada nó desta rede se alimente da diversidade, ao mesmo tempo em que, através de um processo de seleção e filtragem, identifique o que é relevante nos fluxos de informação para o posicionamento competitivo da organização. As redes compõem níveis, do simples ao altamente complexo, estando cada nível conectado e inter-relacionado com os demais, formando sistemas dentro de sistemas.

Na verdade, as redes de relacionamentos se formam em tudo o que é vivo: em um formigueiro, em uma colméia, no cérebro humano ou na Internet. As redes possuem a lógica da vida, a biológica, fundamentada em cinco princípios:

- Ter um propósito organizador.

- Ter participantes com independência de ação.

- Possuir um sistema voluntário de interligação.

- Ter uma multiplicidade de líderes.

- Promover uma interação entre os diversos níveis.

O que as empresas precisam formar são profissionais que saibam navegar, criar redes de relacionamentos e aprendizado, juntando o conhecimento, muitas vezes disperso, e passando do conhecimento à ação de forma ágil e com valor agregado.

O suporte básico à atividade de informação é a tecnologia da informação, que evoluiu muito nas duas últimas décadas. É pena que as pessoas estejam utilizando equipamentos, que são verdadeiros canhões, como se fossem pistolas de água.

Na verdade, a evolução tecnológica acelerou os processos existentes com suas virtudes e os seus defeitos. A informação passou a circular com muito maior velocidade, fazendo com que as pessoas se afogassem neste vasto oceano, sem força para dizer o que querem e o que não querem. Uma coisa é certa: a gerência efetiva do uso da informação deve começar pela análise de como as pessoas usam a informação e não de como as pessoas usam as máquinas. O importante não são as ferramentas, mas os conceitos nelas embutidos.

O processo da informação e todo o apoio da tecnologia da informação de nada valerão se o seu uso não estiver claro. As conclusões de um estudo com executivos de 27 das 500 maiores empresas da revista *Fortune* indicam que as informações táticas e operacionais têm prevalência sobre as informações estratégicas para a maioria dos presidentes das empresas pesquisadas:

- Quando se trata de aumentar os lucros, os presidentes consideraram o controle de custos sua maior prioridade.

- Em um quarto das empresas, seus presidentes se envolviam com questões táticas.

- Mesmo prestando atenção à satisfação dos clientes ou outros indicadores de qualidade, raramente eram feitas medições destes fatores, sendo as empresas avaliadas pelo seu lucro e pelo valor de suas ações.

Os resultados da pesquisa indicam que existe um longo caminho a percorrer na gestão e efetiva utilização da informação para apoio à excelência do desempenho empresarial. A informação é um recurso-chave, se utilizada estrategicamente; mas, o que se vê é um grande foco nas informações operacionais ou táticas, sem que estas sejam consolidadas e correlacionadas com o ambiente externo.

Diferenciar e posicionar uma organização em seu ambiente de atuação começa pelo entendimento das seis etapas do processo da informação bem como da sua aplicação às informações vinculadas aos rumos esperados para a empresa e relacionadas às áreas de competição entre as empresas, conforme o conjunto a seguir:

- **Tecnologia** – inovações e patentes.

- **Pessoas** – gerência visionária e pessoas treinadas e capacitadas.

- **Alianças** – *joint-ventures*, relacionamentos com clientes, fornecedores e distribuidores.

- **Produção** – custo e qualidade de produtos, aperfeiçoamento de processos, capacidade produtiva.

- **Imagem e marketing** – participação no mercado, reconhecimento da marca.

- **Finanças** – endividamento, acesso a capital, valor da ação.

A informação é o "lubrificante" universal de toda a cadeia de valor das empresas e fator de diferenciação cada vez maior com a transparência e facilidade de acesso criada pela Internet. Nesta nova era, a disseminação da informação, e o conhecimento que dela deriva, adquire dimensão primordial na criação de produtos e serviços com as tecnologias da informação.

AS PERGUNTAS SÃO AS RESPOSTAS

> *"Saber por que fazer*
> *Saber como fazer*
> *Saber fazer."*
> **Eric Berne**

Ninguém nasce sabendo. Se você não sabe, pesquise e pergunte. Ser curioso é querer saber sempre mais e por quê. É não se contentar com pouco. As perguntas determinam o foco, o caminho e as ações de uma empresa. Morita, ex-presidente da Sony, chamou sua equipe certo dia e disse que queria um equipamento de reprodução de vídeo a um custo abaixo de mil dólares cuja fita fosse do tamanho de um livro. Ali surgia o videocassete. Morita disse o que queria, seus técnicos viabilizaram como fazer. Uma pergunta que só admite "sim" ou "não" como resposta é uma pergunta ineficiente. As perguntas mais produtivas são aquelas que servem de estímulo para discorrer, discutir e exemplificar sobre vários aspectos e problemas relativos às atividades, fornecendo informações sobre as percepções (a visão sobre o que está acontecendo e como), as interpretações (explicações sobre por que está acontecendo, baseadas em fatos e dados), os sentimentos (insatisfações, frustrações, realizações, alegrias referentes a determinada situação) e as experiências (como outros lidaram com situações semelhantes).

Dentro de qualquer atividade existem oito questões capazes de conduzir ao entendimento dos problemas e às soluções a eles associadas:

1. **Por quê?** Leva ao entendimento das causas de um problema, permitindo uma orientação para a melhoria contínua. Quantas maçãs caíram das árvores durante séculos sem que isto se constituísse em um problema? Foi preciso um homem chamado Newton questionar o porquê da queda da maçã em direção ao solo para que fosse descoberta a lei da gravidade.

2. **O quê?** Leva ao entendimento de uma situação ou aos objetivos de uma atividade. O que é feito? O que deve ser feito? A cada situação ou problema deve-se sempre perguntar "o que há de tão importante nisto?", "o que posso aprender com o que me aconteceu?". Focalize sempre no que pode fazer e não no que não pode fazer.

3. **Como?** Estabelece os caminhos para atingir os objetivos. Disney, quando tinha um projeto em mente perguntava à sua equipe: **"Como posso melhorar?"** As pessoas forneciam as soluções e Disney melhorava os projetos. Veja a diferença se per-

guntasse "o que você acha?" e recebesse como resposta que estava bom ou estava ruim.

4. **Quando?** Fornece a dimensão temporal de um problema, estabelecendo prazos dentro de um cronograma.

5. **Quem?** Determina as responsabilidades ou o público-alvo de uma atividade.

6. **Onde?** Fornece a dimensão espacial de um problema, determinando o local onde será aplicado um processo, produto ou serviço.

7. **Quanto?** Determina os custos de uma atividade.

8. **Por que não?** Traz as justificativas para a inovação. Segundo Bernard Shaw: **"Você vê e diz por quê? Eu sonho com o que jamais vi e digo por que não?"** Esta é uma modalidade provocante de pergunta resultante de uma situação imaginária que começa pela condicional "se". Sair um pouco da realidade pode abrir novos horizontes de possibilidades, sonhos e ações.

Ser **eficiente** é fazer certo, atuando nos processos. Ser **eficaz** é fazer certo as coisas certas, atuando nos resultados. Ser **efetivo** é ser eficaz com oportunidade. Ser **excelente** é ser efetivo com efetividade, fazendo as perguntas certas, buscando a inovação, o público-alvo certo e custos abaixo dos concorrentes.

Agora que aprendi todas as respostas mudaram as perguntas! As respostas fazem parte de toda descoberta e aprendizado ao longo de cada jornada mas não podem ser consideradas como conclusões definitivas. Portanto, sempre mantenha um questionamento permanente.

- Por que devemos começar?
- Como começar?
- Como fazemos agora?
- Como os outros fazem?
- Como deveríamos fazer?
- Estamos comprometidos em realizar?
- Como continuamos?

AVISO AOS NAVEGANTES

"Cada caminho é apenas um entre milhões de caminhos. Examine cada um com atenção e propósito. Experimente-o quantas vezes for necessário. Depois faça uma pergunta a você: este caminho tem coração? Se tiver, ele é bom, se não, não tem utilidade."

C. Castaneda

1. **A diferença está nas pessoas** – todos nós nascemos gênios. Só precisamos despertar o nosso gigante interior, adormecido diariamente pela pílula tranqüilizante da acomodação. A mobilização das pessoas, em todos os níveis, é a chave para a transformação para uma organização de aprendizado que está permanentemente se redescobrindo.

O aprendizado é tanto o impulso quanto o motor que levam à mudança. Como impulso, o aprendizado predispõe à observação do ambiente para detetar mudanças impactantes sobre a organização. Como motor, fornece processos para a redução do distanciamento entre as exigências ambientais e o funcionamento atual de uma organização.

2. **Reconhecer e celebrar** – precisamos reconhecer todos aqueles que contribuíram com seu esforço e dedicação para a trajetória de sucesso da empresa. Celebrar os momentos de conquistas e alegrias, contribuindo para a união da tribo, não esquecendo de fazer críticas em particular e elogios em público.

3. **Educação permanente** – é uma necessidade em nosso desabrochar para a eterna novidade do mundo e na busca do pleno potencial com que fomos gerados, é trabalho duro na elaboração de nossa maior obra-prima: nós mesmos! Os gerentes devem começar a propiciar um aprendizado permanente para suas equipes. Uma sugestão é o grupo de conhecimento: a cada trimestre, deve ser escolhido um livro ou artigo inspirador (nas áreas de gerência, administração, psicologia, tecnologia, por exemplo) e promovido um debate, com todo o grupo, sobre as mensagens neles contidas. O resultado é lento mas irreversível. Aprenda com a experiência, experimente a partir do aprendizado.

4. **Pensamento sistêmico** – uma visão cuidadosamente elaborada do que podemos "vir a ser" e das ações articuladas, sustentadas em objetivos claros e desafiadores, são as bases capazes de transformar o calor da dúvida e da agitação em um oásis de reconhecimento para cada um do time, transformando todos os

acordes dissonantes em uma bela sinfonia conduzida por uma verdadeira orquestra.

É preciso saltar para fora da realidade circundante. À medida que nos envolvemos com infindáveis questões de significado menor, sem a compreensão do seu contexto, fortalecemos nossa incapacidade de emergir e poder, assim, ver melhor.

5. **Tecnologia** – é o diferencial capaz de fornecer rapidez, confiabilidade e qualidade aos nossos produtos, serviços e processos. É a oportunidade de nos libertarmos da escravatura de tarefas repetitivas, como Charlie Chaplin em "Tempos Modernos", para nos tornarmos o *Homo Sapiens* algoz de todas as máquinas e tecnologias. Máquinas e homens podem conviver pacificamente, desde que comandadas pelos batimentos do coração! A tecnologia é inerte e depende da energia humana para gerar ação e resultados.

Entretanto, não é só uma questão de novas ferramentas para a melhoria de processos antigos. A tecnologia torna possível fazer tarefas que nunca haviam sido feitas, criando diferencial competitivo para as empresas.

6. **Desenvolvimento de parcerias e redes de cooperação** – isto se alcança somando habilidades, criando sinergia através de trabalhos em grupos multifuncionais, procurando aprender com os melhores. Nossos padrões de comparação devem ser desafiadores, afinal, dentro do galinheiro você aprenderá a ciscar, aprenderá sobre a vida das minhocas ou, no máximo, aprenderá a cacarejar e a se defender das raposas, mas nunca voará como águia. Ao invés de isolamento, dentro de uma competição predatória, por que não buscarmos a cooperação interna e externa, as parcerias e as associações com empresas ou entidades que compartilhem dos mesmos ideais? Em vez de enfatizarmos distinções e isolamento, devemos treinar nosso enfoque na busca de conexões.

7. **Melhoria contínua** – é uma necessidade em produtos, serviços e processos. Não podemos nunca nos dar por satisfeitos com aquilo que conquistamos, temos de evoluir cada vez mais na busca da excelência. Entretanto, simplesmente copiar práticas de companhias de alta performance poderá trazer problemas ao serem implantadas em companhias de baixa performance. Antes de andar é preciso engatinhar, ou seja, é necessário considerar as condições existentes para que seja determinado o caminho a seguir rumo à excelência. O processo de melhoria contínua passa pelas seguintes etapas:

- Começar com as questões mais fáceis.
- Estabelecer metas realistas.
- Medir e divulgar os avanços obtidos.
- Trabalhar com a cultura e não contra, ou apesar dela.

8. **Inovação** – a melhoria contínua é apenas uma das faces do problema. Vislumbrar novas direções, novas formas de realizar o que sempre foi feito é a outra face. Com melhoria contínua você nunca transformará uma vela em lâmpada. Deve-se acompanhar os líderes, porque são eles que dão a direção da indústria, e sempre de olho nos "lanternas" em crise, porque de lá, normalmente, saem as soluções mais criativas. A evolução e o progresso são entravados pela rotina em excesso, pelo preconceito, pela preguiça e pela impotência em inovar. Por isso, em vez de seguir aonde leva a trilha, vá aonde não há trilhas e deixe seu rastro.

9. **Informação** – é a base de todo o processo decisório das organizações. Deve-se sempre tomar cuidado em aplicar uma dieta bem balanceada: calorias de informação em excesso poderão deixar a organização lenta em suas ações e decisões, falta de calorias poderá ocasionar uma incapacidade da companhia de se preparar para aonde ela quer chegar. E para cada dosagem

de informação, a mensagem deve ser sempre adaptada aos interesses e valores do público-alvo.

10. **Perseguindo a excelência** – desenvolver uma empresa sólida é difícil, frustrante e demorado. Não existem atalhos e, freqüentemente, o urgente de cada dia obscurece os marcos importantes do caminho para desenvolver uma organização classe mundial. Essa organização é:

- liderada estrategicamente;
- centrada na competitividade;
- orientada para o mercado;
- impulsionada pelas pessoas;
- estabilizada na excelência operacional.

5
A EVOLUÇÃO NO CICLO DAS TRANSFORMAÇÕES

TUDO UMA QUESTÃO DE TEMPO

> *"Se for este o momento, não está para vir;*
>
> *se não está para vir, é este o momento;*
>
> *se não é este o momento, há de vir todavia.*
>
> *Estar pronto é tudo."*
>
> **Shakespeare**

A maioria dos serviços prestados a clientes envolve tempos de espera seja em filas de bancos, consultórios, ou ao telefone. A espera por atendimento é não só desagradável e conseqüentemente capaz de desgastar a imagem de uma empresa como ocupa grande parte de nossa existência.

Uma questão importante envolvida com os tempos de espera é a percepção de cada um com relação ao tempo. Ao se desfrutar de uma companhia inteligente, interessante e agradável, duas horas podem parecer dois minutos. Entretanto, ao colocarmos os pés descalços na areia escaldante do deserto, dois minutos podem parecer duas horas.

Este exemplo, utilizado por Einstein para descrever a relatividade do tempo, torna claro como varia a nossa percepção do tempo ou como nosso relógio interno varia em relação ao nosso relógio externo. Nossa percepção do tempo é alterada pelo nosso estado de prazer ou de dor.

Uma das coisas mais importantes na espera é o tempo que o cliente percebeu que passou na fila. Se as empresas atuarem nas percepções dos consumidores enquanto estiverem nas filas de espera, pode torná-los menos insatisfeitos, contribuindo para aumentar o seu nível de satisfação com o serviço como um todo. Isto significa oferecer qualquer alternativa que faça a pessoa desviar o pensamento da espera, reduzindo assim sua ansiedade.

E no trabalho, administrar o tempo está relacionado com o destino das nossas ações, fazendo, de forma consciente, uma atuação sobre o que fazemos ou o que deixamos que aconteça conosco.

Quando reagimos tão-somente, passamos a ser escravos do tempo e das urgências. Passamos a servir às pressões, a apagar incêndios, a remediar e a corrigir. Corre-se atrás do prejuízo, focalizando o presente em relação ao passado. Se vivo pelo passado, reagindo ou corrigindo apenas, não tenho tempo para as coisas mais importantes. Não é no passado que está o progresso ou o crescimento. Ele só acontece quando planejamos o futuro, antecipando fatos e elaborando medidas de prevenção com vistas ao que virá e então focalizamos nas ações do presente, tendo o futuro como referencial.

É fácil estar ocupado, sem tempo para pensar e planejar, ficando-se escravo da rotina. Mais difícil é estar voltado para o que é realmente importante e para o que acrescente valor dentro da organização. Para isso, mantenha uma lista atualizada do que você tem de fazer e estabeleça prioridades. Prioridade é o resultado da convergência do urgente e do importante. O urgente não é, necessariamente, prioritário. Entretanto, do ponto de vista prático, coisas urgentes provocam tensão e ansiedade. Se você quer fazer mais coisas dentro das mesmas 24 horas do seu dia, aprenda a se organizar.

Diariamente somos invadidos por uma montanha de informações. Se não tomarmos cuidado, elas poderão tomar conta de nossas mesas, gavetas e de nossa cabeça, criando desordem e confusão. Informação deve ser analisada, sintetizada, eliminada, arquivada e bem recuperada. É fundamental que sejamos vigilantes do peso dos nossos papéis, pergaminhos e arquivos. Mais importante do que guardar informação é saber onde ela pode ser obtida.

A comunicação está presente em parte significativa do nosso tempo. É importante uma constante atenção ao desenvolvimento das habilidades de comunicação para que seja dado maior significado às mensagens transmitidas ou recebidas, tanto através de falar ou ouvir, de mensagens escritas ou através de reuniões.

Para melhor aproveitamento de sua concentração e do seu tempo, programe o seu dia em blocos de duas horas para trabalho, individual ou em grupo, separados por meia hora de rotina. Agrupe os itens de rotina em blocos (telefonemas, mensagens, cartas a enviar, etc.) e faça-os de uma só vez. Aproveite também dez minutos a cada dia para organizar sua mesa e seu ambiente de trabalho. O que pode ser feito em 10 minutos? Tente e você ficará surpreso após duas semanas.

A atitude empreendedora é aquela capaz de implementar soluções inovadoras, novas formas de fazer negócios ou atender necessidades latentes no mercado. O denominador comum das empresas realmente empreendedoras é a rápida implementação de soluções, resultante de um alto senso de urgência presente em todos os seus talentos.

Como obter resultados ótimos se todos estão em velocidade máxima e com maior possibilidade de cometerem erros ? Porém, se a velocidade é baixa a possibilidade de errar é mínima, a capacidade de planejar máxima e a de obter resultados nula. A arte da liderança está na habilidade de estabelecer a velocidade ótima na implementação e execução dos processos de negócio.

O tempo pode se tornar um causador importante de *stress*, seja por dispormos de tempo em excesso e sentirmos tédio, seja por estarmos constantemente nos referindo aos nossos relógios para capturarmos o tempo.

É como os dois monges que, viajando em direção ao seu mosteiro, chegaram a um rio onde estava uma bela mulher. Como ela não conseguia atravessá-lo, um dos monges levou-a nas costas até a outra margem. A mulher seguiu seu caminho e os monges em direção ao mosteiro em silêncio até o pôr do sol, quando um falou para o outro: "Como você pôde tocar aquela mulher, sabendo que não devemos nem pensar nelas?" E o outro respondeu: "Venerável irmão, eu deixei aquela mulher pela manhã, enquanto você carregou-a durante todo o dia."

Esta história zen mostra como nossa mente se prende a uma situação, criando sofrimento, muito tempo após a ocorrência de um incidente. É muito mais difícil fazer como o monge que deixou a sua carga às margens do rio para que ela não se tornasse um problema ao longo do dia ou até ao longo da vida.

Quantas vezes trabalhamos aguardando o dia da aposentadoria ou fazendo comparações com atividades passadas, passando um presente demorado e sofrido. Quantas vezes estamos com nossa família e com a cabeça no trabalho; ou, no trabalho, pensando nos problemas familiares.

O prazer de nossas realizações e a nossa presença física e mental, a cada momento de nossa existência, são os fatores capazes de transformar o tempo de tirano, que governa nossas vidas, em um aliado no desenvolvimento do nosso potencial.

A ESTRELA CADENTE

Este é um conjunto sucinto de instruções para tirar a sua companhia do mercado. Seguindo-as cuidadosamente, providencie um jazigo perpétuo, porque você não vai durar muito tempo:

- **Assuma ser dono do cliente**

Você sabe o que o cliente quer melhor do que ele próprio. Ele permanecerá fiel até o final dos tempos, sendo, portanto, desnecessário atender suas reclamações. Afinal, quem o cliente pensa que é? Não interessa a você descobrir e perguntar o que o cliente pensa e quer. Pesquisar e perguntar tomam tempo e dinheiro!

- **Subestime a competição**

    Não perca o sono por causa de seus competidores. Eles são tão ruins! Relaxe e assuma que os competidores são muito lentos, não trazendo qualquer tipo de ameaça. Você pode começar a se movimentar no futuro. Conforte-se com o fato de que as conquistas dos outros foram pura sorte e que isso não acontecerá novamente.

- **Não questione o sucesso**

    Assuma que o sucesso do passado continuará a semear o triunfo no futuro. Não perca tempo analisando os erros ou refletindo sobre os fracassos. Se funcionou antes, funcionará agora.

- **Ignore a qualidade**

    Como ninguém percebe a diferença entre um produto e outro, não vale a pena prestar atenção na sua melhoria. Afinal, o cliente nunca tem nenhuma expectativa.

- **Organize-se tradicionalmente**

    Nada melhor do que estruturas e processos pesados, trabalho fragmentado, grande número de níveis hierárquicos e alta autonomia de todos, desvinculada dos objetivos da organização.

- **Desenvolver talentos é perda de tempo**

    Mantenha o pessoal, especialmente a gerência, focado na sua especialidade. Pessoas para quê? Bastam as máquinas! Conhecimento e informação são coisas de intelectual.

O CICLO DAS TRANSFORMAÇÕES

- Onde Estamos?
- Aonde Vamos?
- O Caminho
- Monitorando o Ciclo
- Liderança
- Cultura e Pessoas

"É gostoso chegar a algum lugar, mas não ignorem o que está acontecendo no caminho. Às vezes é algo muito mais interessante que a meta. A menor distância entre dois pontos é a reta. Mas, e depois? Talvez eu acabe ficando entediado com o tempo que economizei. Talvez seja melhor eu me divertir durante o caminho. Então, começo a me mover, e dar voltas, apreciando a maneira de chegar lá. O resultado final é muito diferente do que quando se vai simplesmente em linha reta. É isso que é o processo."

Al Chung-liang Huang

A história humana pode ser vista como uma sucessão de ciclos, cada um nos levando um pouco mais fundo no entendimento do nosso contexto e revelando um pouco mais sobre o nosso processo evolutivo. Toda evolução é conseqüência de um processo de desenvolvimento.

A palavra construção denota a aplicação de um método proposto, com início, meio e fim, e com o propósito de se chegar a um produto acabado. Já o desenvolvimento é uma atividade permanente na busca de melhorias contínuas e inovações nos processos empregados. É uma sucessão de inícios, meios e fins.

O processo de desenvolvimento se dá em ciclos denominados de ciclos das transformações, compostos de quatro etapas, presentes tanto na administração de uma empresa como nas atividades rotineiras de nossas vidas.

Suponha, por exemplo, uma pessoa, com febre há algum tempo, que vá ao seu médico. Inicialmente, o paciente conta os seus problemas e o médico procura ampliar o seu entendimento examinando-o, comparando a situação do paciente com referências para a sua idade, peso e altura, até chegar a um diagnóstico das causas dos problemas e das necessidades do paciente. (Onde Estamos?)

A seguir, o médico prescreve um tratamento capaz de restabelecer a saúde do paciente, estima o tempo de tratamento, estabelece metas e fornece recomendações a serem seguidas. (Aonde Vamos?)

Na terceira etapa, o paciente segue o tratamento prescrito. (O Caminho.)

Na última etapa, que ocorre juntamente com a terceira, a melhora do paciente é acompanhada pela monitoração de indicadores como a temperatura, exames específicos ou a própria avaliação do médico, até o restabelecimento do paciente. (Monitorando o Ciclo.)

A permanência da mudança está contida dentro de todo ciclo evolutivo e se inicia com um diagnóstico situacional onde são explicitados problemas, falhas, dificuldades e necessidades dentro do ambiente em que nos inserimos. Uma das qualidades mais importantes nos gerentes é pensar sobre as fraquezas da organização, para que possam planejar os rumos da sua sobrevivência e prosperidade.

Do caos inicial é estabelecida uma ordem com a elaboração de um planejamento das atividades a serem executadas dentro de referências estabelecidas. Na etapa seguinte faz-se o planejamento, a programação e a cronogramação das atividades a serem executadas, de acordo com os objetivos e as metas estabelecidas. Parte-se, então, para a execução, que é onde o progresso acontece. Como disse Thomas Huxley: *"A grande finalidade da vida não é o conhecimento, mas sim a ação."* Esta fase é acompanhada da medição das atividades através de itens de controle, permitindo um gerenciamento baseado em fatos e dados e não em suposições.

O ciclo é fechado com a medição dos resultados para que possamos avaliar e ter consciência da transformação ocorrida, procurando-se padronizar e sistematizar o que deu certo e avaliar e reformular o que deu errado. Para tudo o que tenha dado errado, sempre haverá alguém que sabia que iria ser assim. Mas, o fundamental é o aprendizado que os erros proporcionam para que se encontre soluções para os novos problemas.

Associado a este ciclo puramente racional existe um outro atitudinal/comportamental relacionado com cada uma de suas fases conforme o quadro a seguir:

CICLO RACIONAL	**CICLO ATITUDINAL/COMPORTAMENTAL**
Diagnóstico	Curiosidade, investigação, criatividade
Planejamento	Incerteza, concentração, organização
Execução	Cooperação, comprometimento e coragem
Monitoração	Prazer, frustração, aprendizado e comunicação

Evoluir é assumir riscos e compreender que devemos estar em permanente equilíbrio, perseguindo patamares crescentes de complexidade que são conquistados, mantidos e continuamente superados, formando a espiral do ciclo das transformações onde as mudanças não são precursoras de mortes definitivas, mas de novos nascimentos que passam por três fases:

1. **Racionalização**, fazendo o mesmo com menos.

2. **Melhoria de processos**, fazendo de maneira mais inteligente.

3. **Inovação**, fazendo coisas diferentes.

Aprender a desestruturar em lugar de destruir é uma arte sutil que, quando dominada, permitirá novas formas de experienciar, perceber e evoluir. Ao aprendermos a flutuar nas ondas da mutação, estaremos atuando com o movimento da vida.

DESENVOLVENDO A LONGEVIDADE EMPRESARIAL

Chama-se evolução das espécies a modificação gradual, ao longo das gerações, dos caracteres das populações dos seres vivos, incluindo a formação de raças e espécies novas. Os segredos da evolução são o tempo e a morte. Tempo para a lenta acumulação de mutações favoráveis e morte para dar espaço às novas espécies.

Uma alteração no ambiente faz com que certos tipos dentro de uma espécie passem a ser mais eficientes do que outros e passem a predominar. Existe, portanto, uma seleção natural, determinada pelo ambiente.

Muitas empresas simplesmente morrem. Algumas passam por fusões, aquisições ou saem do mercado. Tão extraordinário quanto a mortalidade empresarial é o fato de uma minoria delas ser capaz de sobreviver muito mais do que a média. O que explica este fenômeno?

A expectativa média de vida de uma empresa está entre 40 e 50 anos, ou seja, menor que a das pessoas. Sessenta e três por cento das 500 maiores empresas da revista *Fortune 500*, de 1975, desapareceram, 40% das que constavam da lista de 1983 também não mais existem. Um estudo da consultoria Stratix revelou que a vida média de uma companhia européia ou japonesa é menor do que 13 anos. Pesquisa do Serviço Brasileiro de Assistência à Pequena e Média Empresa (SEBRAE) concluiu que três anos após abertos, 61% dos estabelecimentos encerram suas atividades e que 31% desistem logo no primeiro ano. Será que a existência de uma empresa segue o processo de envelhecimento até o fim inevitável?

A maioria das companhias é uma máquina hierárquica, uma noção do século XVII, quando os cientistas começaram a descrever o universo como um grande relógio. Trezentos anos depois, procuramos soluções mecanicistas, quando sabemos que as máquinas não possuem inteligência e trabalham dentro de condições predeterminadas, sem nenhuma capacidade de adaptação.

Se uma empresa é estruturada como uma máquina, o resultado é um produto que se desgasta; se é estruturada organicamente, como um ser vivo, será possível utilizar técnicas evolutivas para criar algo com vida muito longa.

Hoje, uma organização deve ser adaptativa, flexível, auto-renovadora e aprendendo constantemente, atributos encontrados somente nos seres vivos. O paradoxo dos dias de hoje é desejarmos organizações que atuem como sistemas orgânicos, quando somente sabemos tratá-las como máquinas.

Nas companhias orgânicas existe uma permanente luta pela sobrevivência e pelo desenvolvimento do seu potencial, mantendo a instituição alerta para as mudanças no meio ambiente, seguindo estratégias de alta tolerância com espaço e liberdade para se adaptar às mudanças externas.

Todas as empresas orgânicas têm capacidade para responder às mudanças de forma inteligente e de evoluir para uma maior complexidade, da mesma forma que todos os sistemas orgânicos que se desenvolvem em uma zona de troca de informações, alternando-se entre a ordem e o caos, trazendo como resultado a evolução ou a morte. Contradizendo muitos dos esforços feitos para manter uma organização em equilíbrio, os sistemas vivos se mantêm vivos em condições muito além do equilíbrio.

Três características são fundamentais para a evolução e para a longevidade empresarial:

- Um forte senso de identidade, onde os propósitos da organização são compartilhados por todos.

- Um elevado grau de troca de informação, que atua como nutriente organizacional de todo processo evolutivo.

- Uma profunda consciência da interdependência dos processos, desenvolvidos dentro de um clima cooperativo para alcançar os propósitos da organização.

Se um sistema possui muita ordem, atrofia e morre. Entretanto, se vive no caos, não possuirá memória. A implosão de grandes empresas evidencia como sofisticados sistemas de organização e controle podem criar um senso de ordem interna, ao mesmo tempo em que rejeitam informações críticas oriundas do meio ambiente como, por exemplo, a IBM, profundamente golpeada pela revolução dos computadores pessoais e, agora, reposicionada na liderança da interligação em redes de computadores, não só de companhias mas de indústrias inteiras.

Na verdade, estamos sendo requisitados a participar de uma dança composta de transformação e constância. Se fôssemos confrontados com nada além de transformação haveria um estado de permanente desconforto e ansiedade. Por outro lado, se a constância fosse norma, atrofiaríamos diante da seleção natural das espécies.

Os surfistas enfrentam qualquer viagem para encontrar a onda dos seus sonhos. O surfe pode ser entendido como uma atividade que exige fôlego, resistência, agilidade, flexibilidade, equilíbrio, paciência e persistência.

Nos mares turbulentos de nossos dias, o grande desafio é desenvolver uma coreografia capaz de surfar nas ondas do mercado, aproveitando ventos favoráveis e ondas que acelerem nossos movimentos em direção a uma maior longevidade organizacional.

EPÍLOGO

"A maior capacidade de sobrevivência de uma espécie não se dá pela sua força ou inteligência mas pela sua resposta às mudanças."
Charles Darwin

O mundo dos negócios está mudando a uma velocidade como jamais ocorreu. Este novo ambiente com novas formas de adicionar valor, competir, sobreviver e crescer é denominado Nova Economia.

Duas grandes forças vêm moldando a nova economia. Primeiro, os avanços tecnológicos na área digital, na telefonia celular e na Internet facilitando a comunicação e o compartilhamento de informações, e permitindo um novo tipo de negócio denominado e-comércio. A segunda força é a efetiva utilização do conjunto de idéias e capacitações do capital intelectual das empresas para criação de valor.

Estes impulsionadores trazem como resultado a valorização dos ativos intangíveis das organizações: o capital intelectual, a marca e a excelência de processos. Este fato já pode ser observado na capitalização de mercado de empresas como, por exemplo, a Microsoft com valor maior que Ford, General Motors, Kodak e Boeing, juntas!

OS PILARES DA NOVA ECONOMIA

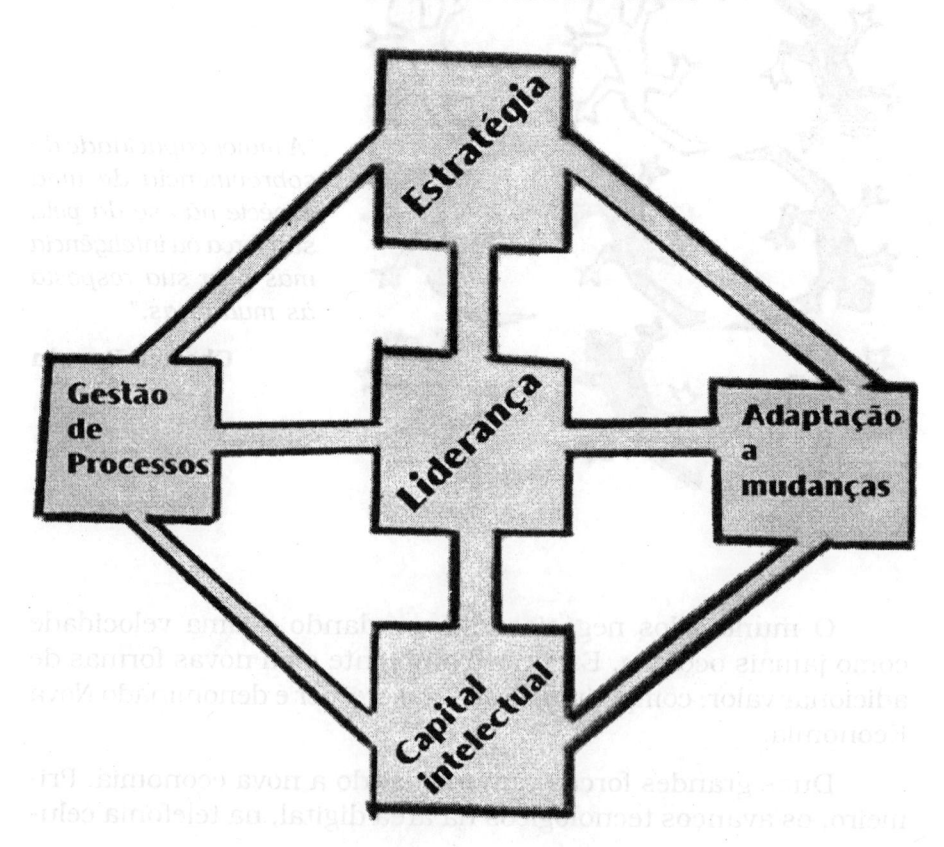

- Estratégia
- Gestão de Processos
- Liderança
- Adaptação a mudanças
- Capital intelectual

Epílogo

Na base da nova economia estão conceitos duradouros, e não tão novos assim, apresentados ao longo de Metamorfose Empresarial:

- A rápida adaptação à mudança e transformação dos modelos mentais da cultura das organizações.

- O reconhecimento de que uma organização é o resultado do potencial de inovar do seu talento coletivo, e do contínuo aprendizado resultante dos sucessos e fracassos do passado.

- Um modelo de negócios com clareza na sua proposição de valor para o mercado, articulado com uma visão e objetivos compartilhados por toda a organização.

- Excelência na gestão dos processos de negócios.

- Uma ampla rede de relacionamentos, alianças e parcerias que possam acelerar o aproveitamento das oportunidades existentes.

Neste novo mundo cada vez mais virtual, apesar de que nunca abandonaremos o concreto de todos os mercados, o momento e a oportunidade para geração de riquezas são únicos. Os pequenos negócios têm no espaço virtual um aliado que lhes dá chance de concorrer com empresas de muito maior porte e ter acesso a um mercado global. Ao mesmo tempo, a velocidade da transformação traz como contrapartida o aumento da mortalidade empresarial e a criação de novas espécies mais bem adaptadas ao novo ambiente.

O que está em gestação é uma reinvenção das empresas e organizações, viabilizada e acelerada pelas novas tecnologias. Talvez, ainda estejamos dentro do casulo (mais uma caverna?) trabalhando ativamente para sermos lagarta e sem noção de toda a metamorfose que ocorrerá até chegarmos a borboleta (procurando o que não sabemos que não sabemos?).

A borboleta é simplesmente o início de um novo ciclo, de vários ciclos, sempre energizados pelo empreendimento, talento e potencial humano. Este é um jogo de possibilidades infinitas onde não se joga dentro de limites mas com os limites, onde não se procura a vida eterna mas o eterno renascer.

Fim?
Isto não é um fim.

DESPEDIDA

> *"Nenhuma empresa é melhor do que o seu pior empregado."*
>
> **Anon**

A palavra educação tem uma raiz latina que significa cultivar, criar, conduzir ou puxar para fora. O processo educacional está vinculado, portanto, a guiar para fora da escuridão, trazer a essência daquilo que já está no indivíduo. Em vez de ser meramente uma transmissão de informação, a educação é um processo de extração de qualidades e habilidades latentes no ser humano. Segundo o educador Paulo Freire: *"O ato de educar é, acima de tudo, o ato de revolucionar mentes e corações onde o homem deve ser o sujeito de sua própria educação e não seu objeto."* Estudar não é fácil porque estudar é criar e recriar e não repetir o que os outros dizem.

É dever de todo gerente propiciar um ambiente de crescimento para sua equipe, o reconhecimento pela pessoa de que ela é um processo emergente, não um produto final estático.

O verdadeiro propósito do líder não é transformar as pessoas em verdadeiros robôs, funcionando de forma programada, mas, sobretudo, preparar o solo para o desenvolvimento da semente existente dentro de cada um, cujo cultivo será responsabilidade do próprio indivíduo. Caminha-se para um novo paradigma de liderança: conduzir as pessoas para que elas liderem a si mesmas.

Assim como uma corrente que sempre rompe no elo mais fraco, dentro de uma equipe devemos cuidar principalmente de fortalecer os mais fracos, porque eles é que dão os limites da velocidade do conjunto como um todo.

Esta não é uma viagem para os covardes que se recusam a limpar a fuligem do seu diamante interior. É, sim, a procura do herói de cada um, em uma jornada ao encontro da realização pessoal e profissional baseada nos 7 Cs: curiosidade, coragem, comprometimento, criatividade, cooperação, comunicação e concentração.

Tudo tem seu tempo, e para aqueles que insistem e resistem, olhando a vida a partir de um ponto de vista como se todas as coisas fossem absurdas, só nos resta dizer-lhes adeus, retirando ou trocando um dos elos da corrente.

Todo empreendimento bem-sucedido está associado a um processo de aprendizado, adaptação e antecipação, submetido a enormes desafios cuja superação é a condição para que o sistema continue a evoluir.

FALE CONOSCO!

Você com certeza investiu tempo e dinheiro na leitura deste livro. Por isto, estamos ansiosos por receber suas críticas, comentários, sugestões e contribuições para a evolução de Metamorfose Empresarial no seu ciclo das transformações.

Comunique-se com o editor

(editor@qualitymark.com.br)

ou com o autor através da rede metamorfose

(metamorfose_empresarial@hotmail.com).

Tudo de melhor,

Luiz Da Rocha
Da Rocha & Associates
12822 Chamberlain
Houston
Texas 77077
USA

ANOTAÇÕES

Fiquem Atentos Quanto as Mudanças Organizacionais

Transformação Organizacional: A Teoria e a Prática de Inovar
Autor: *Paulo Roberto Motta*
Preço: R$ 28,00 / Págs. 248 / Formato: 16 x 23 cm.
ISBN: 85-7303-148-4
Sinopse: Esta obra visa oferecer referências para melhorar a compreensão e orientar escolhas de gestores e pessoas interessadas na transformação organizacional, sejam elas consultores, pesquisadores ou estudiosos na busca de fundamentações para sua idéias e práticas de inovação.

Ondas de Transformações
Autor: *James L. Mckenney*
Preço: R$ 35,00 / Págs. 296 / Formato: 16 x 23 cm.
ISBN: 85-7303-124-7
Sinopse: Muitas empresas simplesmente automatizam seus processos, eliminando tarefas simples, em vez de inovar com a TI. O autor pretende influenciar a prática gerencial, fornecendo evidências históricas de como equipes gerenciais bem-sucedidas criaram e implementaram sistemas inovadores de tecnologia da informação.

Transformando Estratégias Empresariais em Resultados Através da Gerência por Projetos
Autor: *Paul Dinsmore*
Preço: R$ 35,00 / Págs. 284 / Formato: 16 x 23 cm.
ISBN: 85-7303-236-7
Sinopse: Ao contrário da maioria das publicações sobre gerência de projetos, este livro trata do gerenciamento de uma empresa e não de um projeto. Seu objetivo não é apenas demonstrar como um projeto específico deve ser gerenciado, mas sim como uma organização pode ser dirigida utilizando o gerenciamento de projetos.

Harmonia no Conflito: A Arte da Estratégia de Sun Tzu
Autor: *Carlos Lima Silva*
Preço: R$ 65,00 / Págs. 568 / Formato: 21 x 23 cm.
ISBN: 85-7303-155-7
Sinopse: O autor apresenta a tradução do texto clássico "A Arte da Guerra", analisando cada parágrafo do texto e apresentando sete categorias de atividades em que o emprego da estratégia é mais nítido nos dias de hoje, como política & governo; finanças & mercado de capitais; propaganda & marketing; administração & gestão; empreendimentos & negócios; cotidiano & vida pessoal; e guerra & história.

Entre em sintonia com o mundo

QualityPhone:
0800-263311
Ligação gratuita

Rua Teixeira Júnior, 441

São Cristóvão

20921-400 – Rio de Janeiro – RJ

Tel.: (0XX21) 860-8422

Fax: (0XX21) 860-8424

www.qualitymark.com.br

E-Mail: quality@qualitymark.com.br

quality@unisys.com.br

Dados Técnicos	
Formato:	16 x 23
Mancha:	12 x 19
Corpo:	11
Entrelinhamento:	13
Fonte:	Bookman
Total de páginas:	116

Impresso nas oficinas da
SERMOGRAF - ARTES GRÁFICAS E EDITORA LTDA.
Rua São Sebastião, 199 - Petrópolis - RJ
Tel.: (24) 237-3769